AF556545

wortweit-Verlag

Die Autorin Kristin Loras

wurde 1972 in Graz geboren, sie lebt in Wien und ist Mutter von zwei Buben.

Mit SILVA, dem ersten Band aus der MIRACULA-Reihe, fing es an: Die Geschichte über die fantastische Reise von zwei Brüdern und ihrem Hund in den magischen Wald fesselt nicht nur die Kinder der Autorin, sondern auch viele andere.

Inzwischen kann sie mit dem Schreiben gar nicht mehr aufhören. Gemeinsam mit ihren beiden Söhnen und deren kleiner Cousine lernt sie nun einen unglaublichen Teil der verborgenen Welt nach dem anderen kennen, um vielen geheimnisvollen Tieren und sonderbaren Wesen zu begegnen.

Auch das Cover und die farbigen Illustrationen zu den Abenteuern der Kinder hat Kristin Loras gestaltet.

Kristin Loras

TERRA AUSTRALIS

Das südliche Land

1. Auflage

Lektorat: Dr. Lotte Husung
Umschlaggestaltung: Kristin Loras
Innenillustrationen: Kristin Loras, Benjamin
Satz: Max Schinko
Druck: CPI
Printed in Germany
ISBN 978-3-9503773-6-1
www.wortweit-verlag.at

Für Phillip und Benjamin,

deren einzigartige Geduld es mir ermöglicht, immer wieder die Zeit zu finden, um nach *Miracula* reisen zu können, und deren großartige Liebe mir die Kraft für jede Menge neuer Abenteuer gibt.

Inhaltsverzeichnis

Phillip, 12

Ben, 10

Leonie, 8

Aris, 13

Was bisher geschah…

Zusammenfassung aus Band 1
der MIRACULA-Reihe:

S I L V A . Der magische Wald

Um herauszufinden, ob die Menschen die Sprache der Tiere verstehen können, machen der damals zehnjährige Phillip und sein zwei Jahre jüngerer Bruder Ben sich auf den Weg in den oberen Wald. Ihr Hund Aris begleitet sie.

Bei der dreihundertjährigen Eiche geraten sie in den magischen Wald *Silva,* wo völlige Dunkelheit herrscht.

Sie begegnen dem Indianerjungen Rufus, der hier mit sechs jüngeren Geschwistern aufwächst. Jedes der sieben Kinder stammt aus einem anderen Teil der verborgenen Welt *Miracula.*

Rufus nimmt die Jungen und Aris mit in die Felsburg, wo er mit seinen Brüdern und Schwestern lebt. Hier erfahren sie von der Bedeutung der sieben Diamanten.

Die Steine gehören den sieben Kindern, und nur gemeinsam lassen sie *Silva* in den Farben des Regenbogens erstrahlen. Jetzt sind die Diamanten jedoch nicht beisammen. Daher konnte der böse Zauberer Albinus das Licht im magischen Wald auslöschen. *Silva* und die ganze verborgene Welt *Miracula* schweben seither in großer Gefahr. Doch Phillip und Ben wollen Albinus überlisten ...

Zusammenfassung aus Band 2
der MIRACULA-Reihe:

L A T I N I S . Das Land im Meer

Sieben Monate sind seither vergangen. Phillip und Ben können es kaum erwarten, in den magischen Wald zurückzukehren. Aber unerwarteter Besuch steht vor der Tür: Ihre siebenjährige Cousine Leonie will die Ferien bei ihnen im Burgenland verbringen.

Die Buben beschließen, Leonie mit nach *Silva* zu nehmen. Für die drei Kinder und ihren Hund Aris beginnt ein neues Abenteuer:

Ein unsichtbares Wesen lässt die Tiere aus *Silva* verschwinden. Plötzlich ist Aris weg. Als auch Ben von einem geheimnisvollen Wesen fortgebracht wird, begeben sich Phillip und Leonie nach *Latinis,* dem Land im Meer.

In einer Höhle lernen sie den Ozelot Parda kennen. Er erzählt ihnen von Manoa, der versunkenen, goldenen Stadt. Ein blau leuchtender Stein ist das Kernstück dieser vergangenen Kultur. Albinus hat zu ihrem Untergang beigetragen. Dann bringt Parda die Kinder zu Blaufeder, einem Hyazinth-Ara, der ihnen helfen soll, Ben aufzuspüren ...

Zusammenfassung aus Band 3
der MIRACULA-Reihe:

A M E R I G O S . Das Land der roten Berge

Phillip, Leonie und Ben sind wieder vereint. Auch Caeruleus, eines der Geschwister aus *Silva,* ist bei ihnen und das Äffchen Saimiri, das sich Ben angeschlossen hat. Zwei Wasserschildkröten tragen die Kinder und Saimiri von *Latinis* über den Ozean nach *Amerigos.*

Daheim im Burgenland ist es inzwischen Abend geworden. Aris ist nach Hause zurückgekehrt, doch von Phillip, Ben und Leonie fehlt jede Spur. Verzweifelt suchen ihre Eltern sie überall im Wald.

Währenddessen sind die Gesuchten, Caeruleus und Saimiri auf dem Weg in die roten Berge. Dort begegnen sie Arcus, dem stummen Zwillingsbruder des bösen Zauberers Albinus, und einem sprechenden Mustang. Er erzählt ihnen die Geschichte von Arcus und seiner Geliebten, der schönen Aura. Rufus ist ihr Sohn. Doch Albinus' Eifersucht und sein Hass zwangen Aura, zu fliehen und Rufus in Sicherheit zu bringen. So entstand *Silva*.

Aura hatte vorhergesagt, dass drei Kinder aus der Menschenwelt kommen würden, um die verborgene Welt *Miracula* zu retten …

Zusammenfassung aus Band 4
der MIRACULA-Reihe:

E U R Y S . Das alte Land

Weil die Eltern sie nachts suchen mussten, durften Phillip, Ben und Leonie seither nicht mehr in den oberen Wald. Caeruleus und Saimiri haben daher vergeblich in *Silva* auf sie gewartet. Jetzt sind die Kinder auf einer alten Burg im Burgenland, um Leonies Geburtstag zu feiern. Dort finden die drei in einem unterirdischen Gewölbe ein geheimes Tor, das sie ins alte Land führt, in die Vergangenheit von *Eurys.*

Im Bergfried begegnen sie Aura mit dem kleinen Rufus und Azura, die hier noch ein Baby ist. Sie alle schweben in großer Gefahr, weil die dunklen Mannen, Schergen des bösen Zauberers Albinus, sie verfolgen. Sie fliehen in verschiedene Richtungen.

Ihr Hund Aris ist derweil alleine nach *Silva* geeilt, hat aber nur Saimiri in der Felsburg vorgefunden. Das Äffchen berichtet ihm, dass ein Monster Caeruleus entführt habe. Der Zeitenwandler Bubo, ein riesiger Eulenvogel, taucht auf und nimmt Aris mit ins alte Land. Dort angekommen, hat Aris sich in den Jungen Arausio zurückverwandelt, der er in *Silva* war. Aber sein Leben im alten Land ist bedroht.

Phillip, Ben und Leonie erfahren von der Ratte Karl Rattus, dass Albinus die Kinder aus *Miracula* entführte, um die verborgene Welt untergehen zu lassen. Die Siebenschläferdame Gerlin Glis kennt den Weg zu der verschlossenen Felskammer, wo die Kinder gefangen gehalten werden. Durch Irrgänge unterhalb der Burgzisterne führt sie die Kinder dorthin …

Zusammenfassung aus Band 5 der MIRACULA-Reihe:

A P H R I K E . Das Land der großen Wüste

Der Vater von Phillip und Ben kehrt ohne Aris aus dem oberen Wald zurück. Lebt ihr Hund überhaupt noch? Nachts kehren die Buben und ihre Cousine Leonie heimlich nach *Silva* zurück. Die Felsburg ist menschenleer und halb verwüstet, doch sie finden dort ein Buch, das sie für die alte Schrift halten. Ihre Verse locken sie und das Äffchen Saimiri, das ihnen folgt, nach *Aphrike.* Aus der großen Sandwüste werden sie von Antilopen gerettet.

Sie erfahren, dass der böse Zauberer Albinus den Teil *Aphrikes,* der den Baum des Lichtes trägt, abspalten will. Auch Violacea, eines der sieben Geschwister aus *Silva,* hat er hierher entführen lassen. Die Lichter und die Kinder *Miraculas* will Albinus in seine Gewalt bringen, um selbst mächtig zu werden.

Giraffen geleiten Phillip, Ben und Leonie mit Saimiri zu dem großen Graben, der das Land bereits teilt. Sie stürzen hinein und können sich nur mit knapper Not befreien. Mithilfe weiterer Tiere gelangen sie schließlich nach Madagassa, auf eine Insel im Osten *Aphrikes,* wo sie die kleine Violacea finden.

Plötzlich erscheint der Adler Avis und fliegt mit allen vier Kindern und Saimiri nach *Eurys.* Hier wartet auf die Brüder nun die Aufgabe, Violaceas Schwester Azura aus dem Verlies im unterirdischen Labyrinth zu befreien ...

Zusammenfassung aus Band 6
der MIRACULA-Reihe:

ORIENTIUM. Das Land des goldenen Tigers

Seit die Kinder zuletzt aus *Miracula* zurückkehrten, lastet auf Ben der Fluch des bösen Zauberers Albinus. Er hat sich völlig in sich zurückgezogen, und es wird immer schlimmer. Phillip muss allein nach *Silva* gehen, um herauszufinden, wie er Ben helfen kann.

Dort bringt ihn der Bär Arctos in seine Höhle, den letzten Zufluchtsort für die Geschwister aus *Silva,* seit die Felsburg zerstört wurde. Azura, Caeruleus, Vialacea und das Äffchen Saimiri befinden sich dort.

Die alte Schrift sagt Phillip, dass er Ben nach *Orientium* bringen soll, da nur das Licht Raj Ravins ihn heilen könne. Aber das Tor nach *Orientium* ist verschwunden, seit die Zwillinge Flava und Viride hindurchgesprungen sind. Das Buch weist ihm einen Ausweg, und Phillip, Ben und Leonie kommen durch ein anderes Tor dorthin.

Sie erfahren, dass Raj Ravin ein goldener Tiger ist, der das Licht in sich trägt. Am Fuße des Himaalaya entdeckt Phillip den Tiger, der sich Albinus entgegengestellt hat. Der Zauberer will ihm das Licht rauben; der Tiger droht, ihm zu unterliegen.

Als die Kinder Raj Ravin verteidigen wollen, versucht Albinus, sie zu Eis erstarren zu lassen. Doch er kann ihnen nichts anhaben. Albinus' Bann ist von Ben abgefallen. Denn der Tiger hat Ben das Licht anvertraut. Sie sollen es nach *Antarktikos* zu Aura bringen, die dort gefangen gehalten wird.

Im Tal des Schweigens finden sie Flava und Viride, die stumm geworden sind, und nehmen sie mit. Ihr Ziel ist es, Terra australis zu erreichen, um von dort aus nach *Antarktikos* zu gelangen.

Auf ihrem gefahrvollen Weg begegnen sie vielen Tieren, die sie bis zum Krakatau, einem Vulkan am Feuerring, begleiten. Als der Vulkan ausbricht, besteigen sie ein Boot, um übers Meer ins südliche Land zu segeln.

Der obere Wald

*„Würden wir die Zukunft kennen,
wären wir versucht, die Vergangenheit zu ändern.
Was aber bleibt dann von der Gegenwart?“*

GEFANGEN

„Wie lange dauert es denn noch?“, quengelt Leonie ungeduldig, während sie mürrisch ihre Augenbrauen zusammenzieht, sodass sich auf ihrer Stirnmitte eine tiefe Falte bildet. „Langsam könnte sich dieser dichte Qualm jetzt wirklich wieder lichten.“

Genervt presst die Achtjährige ihre Augen zu schmalen Schlitzen zusammen und dreht ihren Kopf in die verschiedensten Richtungen, um vielleicht doch irgendwo etwas erkennen zu können. Aber die Rauchwolke umgibt das kleine Boot nach wie vor wie eine dicke, graue Wand.

„Wir müssen noch etwas Geduld haben“, versucht Phillip, seine Cousine zu beschwichtigen, und legt ihr liebevoll den Arm um die Schultern. „Du wirst sehen, schon bald wird sich der Qualm auflösen. Es dauert bestimmt nicht mehr lange.“

Ja, vielleicht. Bald.

Doch zurzeit sieht es ganz und gar nicht danach aus. Im Moment treiben Phillip, Ben, Leonie, Flava und Viride weiterhin hilflos auf dem Meer dahin. Gefangen in der dichten Qualmdecke, die sich vor einigen Stunden rasend schnell ausbreitete und das Segelboot mit den Kindern bedrohlich umschlang, nachdem der Vulkankegel des Krakataus spurlos im Meer verschwunden war.

Seitdem irren sie auf dem Ozean umher. Irgendwo zwischen *Orientium* und Terra australis.

Zum Glück werden sie nach wie vor von einer unsichtbaren Hülle umgeben, sodass ihnen der Rauch nichts anhaben kann. Das Licht *Orientiums,* das Ben in sich trägt, beschützt sie. Es lässt sie trotz der dichten Qualmwolke atmen.

„Wer weiß denn schon, wohin wir überhaupt treiben", seufzt Leonie nach einigen Minuten. „Vielleicht drehen wir uns ja im Kreis und erreichen überhaupt kein Festland mehr."

„Egal", murmelt Ben vor sich hin, „aufgeben werden wir auf keinen Fall."

Er blickt gar nicht auf, während er diese Worte von sich gibt, sondern starrt auf sein kleines blaues Notizbuch, das er vor einiger Zeit aus seinem Rucksack geholt hat, wobei er eine Seite nach der anderen umblättert.

„Suchst du was?", wendet sich Phillip sogleich seinem Bruder zu und sieht ihn fragend an.

„Ich weiß nicht", gibt Ben nur zerstreut zurück und schaut kurz zu Phillip auf. Als er jedoch aus den Augenwinkeln wahrnimmt, dass Viride ihn nach wie vor mit unwahrscheinlich kalten Augen fixiert, richtet er seinen Blick hastig wieder auf das kleine

Buch in seinen Händen. „Ich dachte, ich hätte etwas eingetragen. Aber offenbar habe ich mir das nur eingebildet. Hier drinnen ist nichts."

„Was genau meinst du denn, eingetragen zu haben?", fragt Phillip nach.

„Ach, nichts", wehrt Ben schnell ab. Aus irgendeinem Grund möchte er vor den beiden Zwillingsmädchen nicht darüber sprechen. Vor allem nicht vor Viride. Stumm und starr sitzt sie neben ihrer Schwester und verfolgt mit ihren grünen Augen jede kleinste Bewegung des Zehnjährigen.

Ben heftet seinen Blick auf sein Notizbuch. Gedankenverloren. Durcheinander. Hat er sich denn wirklich nur eingebildet, dass er eine Zeichnung von den Gängen des Eislabyrinths angefertigt hat? Aber wo ist sie nur? Er hat doch immer alles in sein Buch geschrieben! Erneut blättert er sein Notizbuch von vorne bis hinten durch. Doch da ist nichts.

„Ben", lässt Phillip sich nach einigen Minuten der Stille leise vernehmen, „du hast dein Buch monatelang nicht beachtet. Es lag in deinem Rucksack unterm Schreibtisch. In unserem Haus im Burgenland. Und deinen Rucksack habe ich, seit wir aus *Silva* zurückgekommen sind, erst wieder in die Hand genommen, als wir uns auf den Weg zu Leonie gemacht haben."

„Ach so.“ Niedergedrückt klappt Ben sein Büchlein zu und steckt es in den Rucksack zurück. Eigenartig, denkt er hingegen still bei sich, dabei kann ich mich doch daran erinnern, etwas gezeichnet zu haben.

Haben ihn die furchtbaren Ausflüge ins Eislabyrinth denn völlig um den Verstand gebracht? Nachdenklich richtet er seinen Blick in den grauen Nebel. Enttäuscht und verwirrt.

„Seht mal!“, ruft Leonie plötzlich aufgebracht und reißt Ben damit aus seinen Gedanken. Aufgeregt streckt sie ihren Arm weit nach rechts vorne aus und schreit: „Da!“

Dann springt sie plötzlich freudig auf und jubelt:

„Da ist Land! Da vorne ist Land!“

Tatsächlich! Die dichte Rauchwolke scheint sich wirklich zu lichten. Unweit vor ihnen kann man einen Küstenstreifen erkennen.

Im Nu ist die Luft wieder klar.

Leichte Meeresbrisen wehen den Kindern unzählige salzig schmeckende Wassertropfen ins Gesicht. Offensichtlich hat sich die unsichtbare, die Kinder umgebende und schützende Hülle wieder in Nichts aufgelöst.

Die Gefahr scheint gebannt.

Plötzlich aber, als Leonie begeistert aufhüpft, beginnt das kleine Boot auf einmal heftig und immer heftiger zu schaukeln.

„Setz dich! Schnell“, ermahnt Phillip sie lauthals und will nach ihrem Arm greifen, um sie zu sich zurückzuziehen.

Im gleichen Augenblick aber steigt, nur wenige Zentimeter neben den Kindern, etwas Riesengroßes aus dem Wasser empor und wirft das kleine Boot blitzartig um, sodass die fünf ins Wasser fallen.

Wie ein großer schwarzer Schatten schwebt das monströse Etwas über Phillip, Ben, Leonie, Flava und Viride hinweg. Die Kinder können kaum etwas sehen. Das Salzwasser brennt in ihren Augen, während sie von unbändigen Wellen hin- und hergerissen und ununterbrochen in die Tiefe gezogen werden.

Nachdem das gigantische Wesen direkt neben ihnen wieder im Wasser verschwunden ist, taucht Phillips Kopf plötzlich wieder über der Wasseroberfläche auf. Hastig und verzweifelt blickt er um sich, während er sich einige Male um die eigene Achse dreht.

„Ben! Leonie! Flava! Viride!“, schreit er aus Leibeskräften. Wieder und wieder. Doch keiner der anderen meldet sich. Weit und breit ist niemand zu sehen.

„Wo seid ihr?“, überschlägt sich Phillips Stimme aus Sorge um die anderen. „Ben! Leonie! Flava! Viride!“

„Hier!“, ruft da endlich jemand zurück.

Es ist Ben.

„Ich bin hier! Hinter dir!“, schnauft der Zehnjährige, „mich hat dieses Ungetüm nicht erwischt, aber die anderen drei hat es hinuntergezogen! Wir müssen ihnen nach!“, damit verschwindet er wieder in den Fluten.

Phillip zögert keinen Augenblick und folgt Ben sofort unters Wasser nach.

Doch schon nach weniger als einer Minute tauchen beide Buben wieder auf, sehen sich kurz kopfschüttelnd an, um gleich daraufhin auf ein Neues in den noch immer tobenden Wellen zu verschwinden.

Dann kommen beide erneut kurz an die Oberfläche, holen Luft und tauchen wieder ab. Und das mehrere Male hintereinander. Jedes Mal versuchen sie, tiefer hinunterzugelangen.

Doch vergeblich.

So sehr sich die beiden auch bemühen, Meter um Meter hinabzutauchen, sie können die Mädchen nirgends mehr sehen.

Dieses gigantische Wesen hat sie offenbar wirklich in die dunklen Tiefen des Meeres gezogen. Jeder Versuch, sie zu retten, sie aus den Fängen des Ungetüms zu befreien, erscheint im Moment aussichtslos.

„Wir müssen einen anderen Weg finden", keucht Phillip, schließlich völlig außer Atem, und bedeutet Ben mit seinen Augen, ihm nachzuschwimmen.

Richtung Festland.

Dorthin, wohin die wuchtigen Wellen inzwischen das kleine, umgekippte Segelboot getragen haben.

Ben nickt ihm traurig zu und folgt ihm.

Völlig erschöpft und mit letzter Kraft schwimmen sie auf die Küste zu und robben aus dem Wasser, ein paar Meter auf den Strand hinauf, um schließlich vollkommen abgekämpft neben dem kleinen Boot im gelborangefarbenen Sand liegen zu bleiben.

BLUJARINGS

„Wir dürfen keine Zeit verlieren“, flüstert Ben nach einer Weile, während er sich müde aufrafft, um sich auf seine Ellenbogen zu stützen.

„Ja, aber wir brauchen einen Plan“, gibt Phillip bedächtig zurück und stemmt sich mit seinen Armen ebenfalls in die Höhe, um sich dann aufzusetzen. „Es bringt nichts, einfach so ins Wasser zu gehen und nach ihnen zu tauchen.“

„Ins Wasser? Ja?“

Phillip und Ben drehen sich schlagartig um.

„Wer ist da?“, fragt Phillip leise, während er seinen Blick angestrengt umherschweifen lässt.

„Nicht ins Wasser! Ja?“, zischt es ganz leise in ihrer Nähe.

Gespannt sehen die Buben sich um, doch niemand ist zu sehen.

„Warum nicht ins Wasser?“, fragt Ben weiter, während er sich noch mehr aufrichtet.

„Ja, wegen der Blujarings“, antwortet das Stimmchen.

„Blujarings?", wiederholt Phillip zögernd und sieht dann Ben fragend an.

„Ist dir was aufgefallen?"

Ben legt kopfschüttelnd den Zeigefinger auf seine Lippen und bedeutet Phillip mit ernsten Augen, seinem Blick zu folgen.

Da! Nicht einmal drei Meter von ihnen entfernt scheint sich der Sand zu bewegen.

Neugierig beobachten die beiden die Stelle, an der im sandigen Boden ein winziger Krater entsteht, so als wäre soeben unterirdisch eine kleine Höhle eingestürzt.

Gleich darauf bildet sich neben der Mulde ein kleiner, länglicher Sandhaufen, der plötzlich zu wandern beginnt und im weichen Boden eine sonderbare Kurvenlinie entstehen lässt, die sich direkt auf Phillip und Ben zubewegt. Ganz offensichtlich kriecht da etwas zu Phillip und Ben hin. Irgendein kleines Tier wahrscheinlich.

Plötzlich lugt ein spitzer Stachel aus dem Sandhaufen hervor. Dann noch einer. Und ein weiterer.

Sind es etwa mehrere winzige Kreaturen?

Dicht aneinandergereiht werden die Dornen hin- und hergeschaukelt. Langsam und vorsichtig krabbelt das stachelige Häufchen den Buben entgegen und zeichnet dabei eine schlangenförmige Wölbung in den Sandboden.

Dann bleibt es abrupt stehen. Nur wenige Zentimeter vor Phillip und Ben.

„Ja, die Blujarings", tönt es und der winzige dornige Sandhaufen erhebt sich plötzlich, „sie nehmen einem den Atem. Ja."

„Blujarings", sagt Phillip noch einmal leise und langsam vor sich hin und zieht seine Augenbrauen grübelnd zusammen. Neugierig sieht er das kleine sandbedeckte Geschöpf vor sich an.

Aufgeweckt schaut es den beiden Buben entgegen, während es sich auf seinen kurzen Beinen wacker emporstemmt.

Als endlich die letzten Sandkörner von seinem Körper hinabgerieselt sind und das eindrucksvolle kleine Tier in seiner ganzen Pracht zu erkennen ist, ruft Phillip auf einmal begeistert aus:

„Cool! Ein wunderschöner Dornteufel!"

Wie ein Drache in Miniaturform sieht er aus.

„Ja, Thorny Dragon heiße ich", erwidert die kleine orange Echse, indem sie, sichtlich stolz über Phillips bewundernde Worte, ihr stacheliges Haupt noch ein Stückchen höher emporreckt. „Manche nennen mich auch Thorny Devil, ja. Dragon gefällt mir persönlich aber besser. Viel besser. Ja. Die meisten hier kennen mich ohnehin nur als Thorny. Das ist okay. Ja."

Dann lässt die Echse ihren Blick blitzschnell zwischen Phillip und Ben hin- und herschnellen und wispert erst nach einiger Zeit weiter:

„Ja, wo kommt ihr denn her? Ich hab geschlafen. Ja, und auf einmal wart ihr da. Könnt ihr fliegen, ja?“

„Nein“, antwortet Ben kichernd, „wir kommen aus dem Meer.“

„Aus dem Meer, ja?“, wiederholt Thorny überrascht.

Dann schnellt sein Blick zu dem gestrandeten Segelboot hinter den beiden Kindern: „Ihr wart in dem Boot, ja?“

„Nein“, berichtigt Ben gleich, „das Boot war vor uns da. Wir sind geschwomm...“

Noch bevor er zu Ende sprechen kann, zischelt Thorny:

„Geschwommen, ja? Im Wasser, ja?“

Blitzschnell flitzen seine Augen von Phillip zu Ben, dann zu den schäumenden Wellen und wieder zurück zu den Buben, während er aufgeregt wispert:

„Aber die Blujarings ...“

Dann hält er kurz inne und piepst erst Sekunden später in hohem Ton weiter:

„Ja, wieso atmet ihr denn dann noch?“

„Sag mal, Thorny“, beginnt Phillip nachdenklich, „was sind denn Blujarings?“

„Ja, habt ihr sie nicht gesehen?“, zischelt die kleine Echse außer sich. „Ja, das gibt’s ja nicht.“

Verstört blickt der Dornteufel zum Meer hin und beginnt, langsam auf die Wellen zuzutrippeln. Kurz davor hält er inne und stiert in die auslaufenden Fluten. Ohne sich zu den Buben umzudrehen, wispert er:

„Ja, seht ihr sie denn nicht?“

Phillip und Ben werfen sich kurz einen ratlosen Blick zu und krabbeln der kleinen Echse dann sofort auf allen vieren hinterher.

Worüber spricht die kleine Echse da?

Was ist denn im Wasser?

„Das gibt’s doch nicht!“, flüstern die Brüder plötzlich wie aus einem Mund. Fassungslos blicken sie einander mit weit aufgerissenen Augen an.

„Das sind ja …“, beginnt Ben erst nach einiger Zeit ganz leise und Phillip setzt ernst fort:

„… Blaugeringelte Kraken.“

„Hochgiftig“, wispert Ben.

„Ja“, nickt Phillip, „sie nehmen einem den Atem. So wie Thorny gesagt hat“, und während er sich dem kleinen Dornteufel zuwendet, fährt er lächelnd fort: „Du meintest Blue Rings, nicht wahr?“

„Ja, Blue Rings“, nickt Thorny Phillip schnell zu, „ja, Blue-ja-rings, ja.“

„Und wir atmen noch“, murmelt Ben und starrt nach wie vor gebannt und kopfschüttelnd auf die unzähligen Kraken unter Wasser.

Eng aneinandergereiht bedecken sie den flachen Meeresboden. Millionen und Abermillionen. Wie ein riesiger Teppich breiten sie sich aus. Weit ins Wasser hinein. So weit das Auge reicht.

Die hellen Ringe auf ihren kleinen Körpern schillern und leuchten in herrlichem Blau.

Unsagbar schön.

Und unsagbar gefährlich.

„Ja, und wieso atmet ihr noch?“, will die kleine Echse wissen.

„Nun“, beginnt Phillip, „das ist eine längere Geschichte. Wir haben etwas dabei, das uns offenbar vor den giftigen Tieren beschützt hat.“ Mit diesen Worten lächelt er seinen jüngeren Bruder vielsagend an.

„Etwas dabei, ja?“, wiederholt Thorny neugierig, „etwas, das euch beschützt hat, ja?“

Als Ben ihm freundlich zunickt, beginnt der Dornteufel, aufgeregt mit seinem Kopf auf und ab zu wippen und zischelt lebhaft drauflos:

„Ja, etwas, das zaubern kann, ja?“

„So in der Art“, gibt Ben leise zurück.

„Au ja! Dann könnt ihr den Kindern helfen, ja?“, bricht Thorny in hohem Ton hervor.

„Welchen Kindern?“, fragt Phillip sofort nach.

„Ja, den Kindern! Ja, aus der Menschenwelt!“, fiept Thorny weiter.

Phillip und Ben sehen einander kurz an und blicken dann gleich wieder zu der kleinen Echse hin, die jetzt völlig überdreht im Sand hin und her tänzelt.

„Ja, wir müssen nach ihnen Ausschau halten! Ja, eins, zwei, drei sollen es sein!“, gibt Thorny übereifrig von sich und dreht sich aufgewühlt einige Male im Kreis.

„Thorny“, beginnt Ben ruhig, „wir sind die Kinder. Aus der Menschenwelt.“

Da bleibt der Dornteufel abrupt stehen. Seine Augen springen blitzschnell zwischen den beiden Buben hin und her.

„Ja, eins, zwei ...“, wispert er still und hält kurz inne, um tief einzuatmen. Dann haucht er ganz langsam aus: „Ja, wo ist Nummer drei?“

„Im Meer“, antwortet Phillip bedrückt. „Wir konnten sie nicht retten.“

„Im Meer, ja? Bei den Blujarings, ja?“, tuschelt Thorny regungslos, als wäre er plötzlich erstarrt.

„Nein“, entgegnet Ben sofort, „etwas Riesiges hat sie tief ins Meer hinuntergezogen.“

„Etwas Riesiges, ja?“, wiederholt die kleine Echse entgeistert und bleibt dabei noch immer steinern.

„Es ist wie aus dem Nichts aus dem Meer aufgetaucht und wie ein gigantischer Schatten über uns hinweggeflogen. Dabei hat es das Boot umgestoßen“, erklärt Ben dem Dornteufel.

Thorny reißt seine Augen auf:

„Aus dem Meer, ja? Geflogen, ja?“

Plötzlich springt er mit einem riesigen Satz empor, schlägt einen Purzelbaum in der Luft und gibt dabei überschwänglich von sich:

„Ja, er hat es geschafft! Ja, er hat es geschafft!“

„Wer hat was geschafft?“, will Phillip wissen, doch Thorny springt völlig außer sich umher. Überdreht zieht er einen Kreis nach dem anderen um die Buben herum. Schneller und immer schneller.

„He!“, brüllt Phillip ihn auf einmal schroff an, „ich habe dich etwas gefragt!“

Da zuckt die kleine Echse auf der Stelle erschrocken zusammen und bleibt ganz ruhig und geduckt vor Phillip stehen.

„Entschuldige, aber wir dürfen keine Zeit mehr verlieren. Wir müssen sie in Sicherheit bringen", räuspert sich Phillip und streckt der kleinen Echse versöhnlich den Arm entgegen.

Etwas zögernd beginnt Thorny, auf Phillips Arm zu kraxeln, wobei er jede Bewegung des Zwölfjährigen genauestens beobachtet. Dabei flüstert er zurückhaltend:

„Ja, aber Nummer drei ist in Sicherheit. Ja, denn sie ist bei Mantajaray."

„Manta – ja –Ray", wiederholt Phillip langsam und nachdenklich, lächelt dann die kleine Echse freundlich an und flüstert:

„Du meinst bestimmt Manta Ray, also einen Mantarochen. Na klar! Dieses gigantische Wesen war ein Riesenmanta! Die werden ja an die sieben Meter groß. Und fliegen können sie auch."

„Ja, Manta Ray. Mantajaray, ja", nickt Thorny Phillip erleichtert zu. „Er hat sie gerettet, ja. Vor den Blujarings, ja."

„Aber wo hat er sie denn hingebracht?", erkundigt sich Ben nun bei dem herzigen Minidrachen.

„Ja, dorthin, wo die vielen Schiffe ruhen", piepst Thorny zurück. „Ja, das ist sehr weit von hier. Ja, dort gibt es keine Blujarings mehr."

„Und wo ruhen die vielen Schiffe?", fragt Ben weiter und zieht seine Augenbrauen in die Höhe.

„Ja, dort“, richtet die kleine Echse ihr stacheliges Haupt an den Buben vorbei und streckt ihre Schnauze so weit wie möglich nach vorne aus.

Phillip dreht seinen Kopf in Richtung Küstenlinie, in die Thornys Nase weist, und murmelt:

„Na, dann nichts wie los! Du hast uns sehr geholfen. Danke, Thorny!“

Stolz hebt der Dornteufel seinen Kopf und nickt Phillip zu. Dann springt er mit einem Satz in den Sand zurück und zischelt:

„Ihr wollt wirklich dorthin, ja?“

„Ja, wir folgen Manta Ray auf dem Wasser“, gibt Ben zurück und läuft gemeinsam mit seinem Bruder zum gestrandeten Segelboot.

„Oder doch keine so gute Idee“, setzt er dann leise fort, da sie ein Leck in der linken Seitenwand bemerken, als sie sich nebeneinander hinhocken, um das Boot mit vereinten Kräften umzudrehen.

„Dann müssen wir wohl einen anderen Weg nehmen“, überlegt Phillip, springt auf, wendet sich seinem Bruder zu und streckt ihm den Arm entgegen.

„Ja, gehen“, brummt Ben.

„Gehen, ja? Übers Land, ja?“, wispert Thorny. „Ja, aber ...“

Dann stockt er plötzlich und reißt seine Augen ängstlich auf.

„Aber?“, fragt Ben nach und sieht ihn forschend an, während er sich aufrichtet.

„Ja, der Weg übers Land ist zwar etwas kürzer, ja. Aber dann müsst ihr durch die gefährliche Wüste“, spricht Thorny mit zittriger Stimme weiter.

„Die gefährliche Wüste? Wir haben schon einmal eine Wüste durchquert“, schmunzelt Ben ihn an. „Wir schaffen das. Mach dir keine Sorgen.“

„Ja, aber bestimmt nicht so eine gehässige Wüste“, entgegnet Thorny leise. „Ja, sie ist gemein, ja.“

„Gehässig? Gemein?“, wiederholen Phillip und Ben wie aus einem Mund.

„Ja, sie nimmt jeden gefangen, der sie betritt. Für immer, ja“, erklärt die kleine Echse bebend. „Ja, sie hat noch nie irgendjemanden entkommen lassen.“

„Hör mir zu, Thorny“, beginnt Phillip in beruhigendem Ton und hockt sich vor dem putzigen Dornteufel nochmals nieder, „wir werden die Gefahren in dieser Wüste bestehen. Wir haben ja etwas bei uns, das zaubern kann, stimmt's? Du brauchst dir wirklich keine Sorgen zu machen. Wir schaffen das.“

„Ja, etwas, das zaubern kann“, wispert Thorny beinahe ohne Ton und stupst mit seiner Nase freundschaftlich Phillips Zeigefinger an. „Ja, ihr schafft das. Ja, bestimmt!“

„Genau“, lächelt Phillip Thorny zu. „Und dann wird alles gut. Versprochen!“

„Ja, alles gut. Ja, versprochen“, wiederholt die kleine Echse schnell und dreht ihren Kopf dann landeinwärts. „Lauft in diese Richtung, ja? Immer nur geradeaus, ja? Immer euren Schatten nach, ja? Lauft schnell, bevor Uluru seine Farben ändert, ja?“

Uluru?

Für weitere Erklärungen hat Thorny offenbar keine Zeit. Aufgeregt trippelt er hin und her und wispert ruhelos:

„Beeilt euch, ja?“

Die beiden Buben nicken ihm wortlos zu und laufen los. Landeinwärts.

„Ja, oh je!“, streckt Thorny sein dorniges Haupt wenig später plötzlich nochmals weit nach oben und sieht den Kindern zerstreut nach, während er kopfschüttelnd und flüsternd von sich gibt:

„Ja, ihr habt etwas, das zaubern kann, ja. Aber die Felsnadeln in der gefährlichen Wüste können ja auch zaubern.“

Doch das können Phillip und Ben nicht mehr hören.

„Phillip", beginnt Ben nach einer Zeit leise, „die Sache mit dem Licht ist nicht so einfach. Ich kann es nicht an- und abstellen, wann ich will."

„Trotzdem hast du uns jedes Mal zur richtigen Zeit beschützt", erwidert Phillip sofort und nickt Ben dabei lächelnd zu.

„Nicht jedes Mal", entgegnet Ben kopfschüttelnd, während er seinen Blick traurig zu Boden gleiten lässt. „Sonst wären ja die Mädels noch hier bei uns."

„Ben", sagt Phillip nun und bleibt stehen, „machst du dir deswegen etwa selbst Vorwürfe?"

Ben antwortet nicht und hält seinen Blick gesenkt.

„Warum, glaubst du denn", spricht Phillip mit ernster Stimme weiter, „hat Raj Ravin ausgerechnet dir das Licht übertragen?"

Ben hält ebenfalls an, dreht sich zögernd zu seinem Bruder um und sieht ihn still an.

„Weil du mutig bist", fährt Phillip deutlich fort, „und weil du selbst dann nicht aufgibst, wenn alle anderen zweifelnd stehen bleiben. Du hältst nicht an, wenn der Weg vor dir ungewiss ist, sondern du gehst weiter. Und immer weiter. So lange, bis du am Ziel bist. Ich bin mir ziemlich sicher, dass es dein Mut ist, der das Licht entfacht. Immer, wenn Gefahr droht und andere zurückweichen, machst du einen Schritt nach vorne. Und dabei beginnt das Licht zu leuchten."

„Ja, aber", murmelt Ben, „du hättest bestimmt sofort gewusst, dass die Gefahr im Boot nicht gebannt war. Du hättest es vorausgesehen und uns alle weiterhin beschützt. Du weißt immer, was zu tun ist."

„Das stimmt nicht", verneint Phillip sofort. „Dass Manta Ray wie aus dem Nichts auftauchen würde, konnte niemand wissen."

„Es ist alles so schnell gegangen", murmelt Ben.

„Außerdem", setzt Phillip fort, „stellte Manta Ray auch keine Bedrohung für uns dar. Laut Thorny wollte er uns ja nur vor den Blaugeringelten Kraken beschützen."

„Um uns daraufhin an einen Ort zu bringen, an dem die vielen Schiffe ruhen? An einen Ort, der weiß Gott wie weit entfernt von hier liegt?", fragt Ben zweifelnd nach und schließt grübelnd an: „Das klingt ja fast so, als hätten die Blue Rings es nur auf uns abgesehen. Offenbar haben sie den gesamten Küstenstreifen des südlichen Landes belagert.

Etwa nur deswegen, um uns daran zu hindern, an Land zu kommen?“

„Genau. Und jemand hat sie hinbeordert“, nickt Phillip seinem Bruder zu. „Er hat eine riesige Armee hochgiftiger Tiere aufgestellt.“

Ben blickt Phillip wortlos an und fügt erst nach einer Weile trocken hinzu:

„Er schreckt wirklich vor gar nichts zurück.“

„Ich bin schon gespannt, was uns hier noch alles erwartet“, murmelt Phillip gedankenvoll. „Bestimmt weiß er längst, dass wir es doch nach Terra australis geschafft haben und damit auch bereits auf dem Weg nach *Antarktikos* sind.“

Ben nickt ihm wortlos zu.

Still und nachdenklich gehen die Brüder weiter.

Der weiche, orangerote Sandboden der Küste hat sich inzwischen in steinharten, rötlichen Savannenboden verwandelt.

Phillip und Ben gehen immer nur geradeaus. Ihren eigenen Schatten nach. So wie Thorny es ihnen sagte. Das weite Steppenland scheint sich unendlich vor ihnen hinzuziehen. Als eine karge, trostlose Ebene, so weit das Auge reicht.

„Meine besondere Fähigkeit, die ich in *Aphrike* noch besaß, wäre jetzt nicht schlecht“, brummt Ben vor sich hin.

Doch er hat sie nicht mehr.

Leider können sie diese Steppe nicht genauso schnell wie die Große Wüste überqueren. Denn Ben kann nicht mehr wie ein Blitz über die endlos scheinende Ebene hinwegdüsen. Phillip, Ben und Leonie hatten in *Eurys* ganz besondere Fähigkeiten erhalten. Doch in jenem Augenblick, als sie auf dem losgelösten Teil *Aphrikes* näher und näher ans weiße Land herankamen, verloren sie ihre magischen Kräfte.

Wortlos blicken die beiden in die Ferne und marschieren zügigen Schrittes weiter voran.

Kilometer für Kilometer.

Mittlerweile sprießen hie und da eigenartige Gräser aus dem rötlichen Steppenboden hervor. Ihre völlig ausgetrockneten Halme sind kniehoch und stehen in kleinen kugelförmigen Gruppen spitz empor. Es sind Stachelkopfgräser, die sich schlagartig zu vermehren scheinen, je weiter die Buben vorankommen. Wie messerscharfe Klingen sehen die hellen, dünnen Stängel aus.

Bedacht schlängeln sich Phillip und Ben an ihnen vorbei. Die scharfkantigen Gewächse in den Augen behaltend, um sich nicht an ihnen zu schneiden.

„Was ist denn das?“, fragt Phillip plötzlich und bleibt schlagartig stehen. „Der große Schatten dort vorne? Siehst du ihn?“

„Ja“, antwortet Ben, stoppt ebenfalls und kneift seine Augen zusammen, um das eigenartige Gebilde besser erkennen zu können. „Ein recht seltsames Ding mitten in der Wüste.“

„Sieht wie ein gigantischer Berg mit komplett senkrechten Abhängen aus“, murmelt Phillip und blickt seinen Bruder rätselnd an. „War der denn vorher auch schon da? Oder ist er einfach so aus dem Boden herausgeschossen?“

„Keine Ahnung“, gibt Ben achselzuckend zurück und lässt seinen Blick über die ausgedehnte Ebene schweifen, „mir ist er vorher auch nicht aufgefallen. Jedenfalls scheint dieser Koloss der einzige weit und breit zu sein.“

Nachdenklich gehen die beiden langsam weiter. Auf das riesige dunkle Gebilde zu.

Auf einmal hören sie links und rechts von ihnen ein aufgewühltes Rascheln und Zischen. Die messerscharfen Grashalmbüschel wanken unruhig hin und her.

Stopp!, schießt es Phillip wie ein Blitz durch den Kopf, als er erkennt, was sich da unter den Gräsern befindet. Geistesgegenwärtig ergreift er Bens Hand und zieht ihn näher an sich heran.

„Ein Taipan“, formen seine Lippen beinahe lautlos und er stiert auf den rötlichen Boden einen Meter rechts neben Ben.

Ben folgt Phillips Blick und setzt lautlos fort:

„Und da ist noch einer.“

Phillip bewegt langsam seinen Kopf hin und her. Sprachlos. Baff. Das gibt's doch nicht! Links und rechts von ihnen kriechen gerade tatsächlich zwei riesige Taipane knapp an ihnen vorbei.

Die Brüder halten den Atem an und rühren sich nicht von der Stelle. Was, wenn die großen Schlangen sie bemerken? Taipane sind ja die giftigsten Schlangen der Welt! Hat Albinus sie geschickt?

„Gefahr!“, zischt plötzlich jemand unmittelbar hinter ihnen.

Wie auf Kommando drehen sich Phillip und Ben um und sehen direkt in das Gesicht einer gigantischen Schlange. Sie hält ihren gelb-rotbraunen Körper aufrecht empor und hat ihren Nacken gespreizt. Große, runde Augen blitzen die Kinder böse an.

Mit weit aufgerissenem Maul lispelt sie noch einmal mit boshaftem Ton:

„Gefahr!“, und bleibt sekundenlang drohend vor ihnen stehen.

Dann fährt sie den Buben plötzlich pfeilschnell entgegen. Ihre Giftzähne blitzen hell auf.

Phillip und Ben stehen wir angewurzelt da und sehen mit weit aufgerissenen Augen zu, wie das

Reptil zischend auf sie zukommt. Wie in Zeitlupe nehmen die beiden Buben die Bewegungen der Schlange wahr. Kurz vor ihnen hält sie an.

Wild bleckt sie ihre spitzen Giftzähne. Wütend lässt sie ihre großen schwarzen Augen rotieren. Doch sie kommt nicht näher an Phillip und Ben heran.

Plötzlich schießt links von Phillip eine weitere Schlange aus den Stachelkopfgräsern empor. Sie ist um einiges kleiner als die mit dem gelb-rotbraunen Körper. Vielleicht gerade einmal einen Meter lang. Doch sie erscheint wuchtiger und trägt dunkle Querbänder auf ihrem graubraunen Leib.

Aber auch sie kommt nicht zur Gänze an die Buben heran. Um Phillip und Ben herum beginnt es, mehr und mehr zu wimmeln. Unzählige Schlangen, große und kleine, schnellen aus den Grasbüscheln auf sie zu, um an einer unsichtbaren Hülle, die die Kinder umgibt, wieder abzuprallen.

Das Licht schützt sie.

Erneut.

Vor den giftigsten Schlangen der Welt.

„Taipane, Königsbraunschlangen, Braunschlangen und Todesottern“, murmelt Phillip fassungslos. „Die giftigsten überhaupt. Und alle hier, am selben Fleck.“

„Eine weitere Armee?“, beginnt Ben grübelnd und spricht dann kopfschüttelnd weiter: „Ich glaube nicht, dass die wegen uns hier sind. Schau mal, die ziehen ja weiter. Direkt auf diesen Berg zu. Fliehen die etwa selbst vor etwas?“

„Du hast recht“, stimmt Phillip ihm zu und beobachtet Tausende Vipern und Otter, die sie fauchend umzingeln, um sich daraufhin blitzschnell wieder zwischen die Gräser zu verziehen.

Flüchtig dreht er sich in die Richtung, aus der die vielen Schlangen ganz offenbar herkommen. Dann wendet er sich wieder dem gigantischen Berg zu:

„Sie fliehen vor etwas. Und offenbar steuern sie auf den Berg zu, um dort Schutz zu find...“

Phillip spricht nicht weiter. Auch Ben fehlen die Worte, als er auf die steilen Felsen blickt:

Der eigenartige Berg sieht mit einem Mal ganz anders aus: Er hat seine Farbe verändert. Statt als dunkler Schatten erhebt er sich aus dem umgebenden Flachland nun in glühendem Orangerot.

Hell strahlend. Als würde er brennen.

Im selben Moment beginnt sich über ihnen der Himmel zu verdunkeln.

Unglaublich schnell.

„Das muss Uluru sein“, wispert Ben. „Er hat seine Farbe verändert. So wie Thorny es sagte.“

„Wir müssen auch dorthin! Schnell!“, ruft Phillip aus. „Es gibt bestimmt einen Grund, warum alles auf ihn zusteuert, das hier kreucht und fleucht.“

Hastig beginnen die beiden, auf den orangerot leuchtenden Berg zuzulaufen. So schnell ihre Beine sie tragen.

Binnen Minuten wird es so dunkel, dass Phillip und Ben kaum noch etwas erkennen. Einzig die strahlenden Felswände weisen ihnen noch den Weg.

Hinter ihrem Rücken nehmen sie auf einmal beängstigende Geräusche wahr. Irgendwo in der Dunkelheit. Gespenstisch kreischende Laute, die offenbar schnell näher und immer näher kommen.

Phillip und Ben drehen sich nicht um, sondern hasten auf Uluru zu. Ihre Herzen schlagen ihnen bis zum Hals, als sie endlich den leuchtenden Felsen erreichen, eine schmale Spalte sehen und hastig darin verschwinden. Nach ein paar Metern hocken sie sich hin.

Aber sind sie in Sicherheit?

Jemand war ihnen auf den Fersen. Knapp hinter ihnen. Zähnefletschend. Angsteinflößend.

Völlig außer Atem kauern sie sich in der Felsspalte dicht nebeneinander zusammen.

Sie wissen nicht, ob der, der sie da draußen eben verfolgte, jeden Moment hereinspringen wird. Und sie haben keine Ahnung, wer sich in dieser Höhle sonst noch versteckt hat. Sie können absolut nichts sehen.

Denn es ist vollkommen finster hier drinnen.

Stockdunkel.

GEFAHR VON OBEN

Stille umgibt sie. Schauerliche Dunkelheit und sonderbare Stille.

Sie halten ihren Atem an und lauschen gebannt ins Dunkel. Dann, endlose Minuten später, dringt plötzlich ein matter Lichtstrahl durch einen schmalen Spalt, der sich sekundenschnell mehr und mehr verbreitert. Weit oben. Weit über ihren Köpfen.

Ein riesiger Schatten erscheint in der Öffnung, der im gleichen Moment mit gigantischen Flügelschlägen herabschwebt.

Seltsame Geräusche sind zu hören. Sie klingen fremd und geheimnisvoll. Doch auch sanft. Und irgendwie beruhigend.

Majestätisch bewegt sich das große Geschöpf direkt auf die Kinder zu.

„Wer bist du?“, fragt Leonie und schnappt nach Luft. Neugierig sieht sie das riesige Tier an und blickt dann verwundert um sich. Flava und Viride sehen ihr mit bangen Augen entgegen.

Wo sind Phillip und Ben? Was ist geschehen? Fragen um Fragen schießen Leonie durch den Kopf.

„Wo sind wir?“, flüstert sie dann kaum hörbar.

Da öffnet der prächtige Meeresbewohner sein Maul. Doch er gibt keinen Ton von sich. Stattdessen strömen kleine Fische aus seinem Rachen, die wendig näher an Leonie heranschwimmen.

„Das ist Manta Ray“, blubbern sie synchron.

„Manta Ray“, wiederholt Leonie leise und fragt wispernd weiter: „Warum spricht er denn nicht?“

„Er traf auf den weißen Zauberer“, antworten die Putzerlippfische im Chor. Tiefschwarze Längsstreifen zieren ihre schmalen, kleinen, silbrigen Körper. Sie huschen aufgeregt hin und her, sodass winzige Bläschen aufsteigen, während sie wie aus einem Mund weitergluckern:

„Albinus’ Fluch hat ihn getroffen, da er euch Menschenkindern helfen wollte.“

Leonie sieht den wunderschönen Riesenmanta traurig an. Er nickt ihr gütig zu.

„Aber ...“, beginnt Leonie, doch plötzlich hebt der Mantarochen seine gewaltigen Flossen und drückt sich mit einer einzigen Bewegung nach oben, um schon im nächsten Moment wieder durch den Spalt zu verschwinden, durch den er zuvor gekommen ist.

„Bitte bleib hier!“, ruft Leonie ihm entsetzt nach.

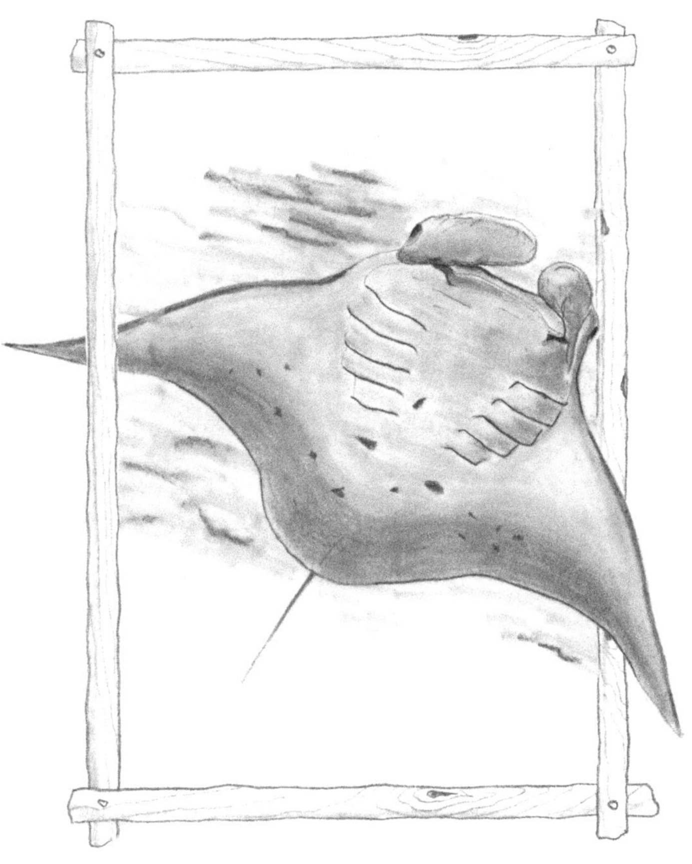

Warum verschwindet er jetzt wieder? Wo sind ihre Cousins? Wie wurden sie getrennt?

Plötzlich wird es wieder unglaublich dunkel. Der Spalt, durch den Manta Ray verschwunden ist, hat sich rasant geschlossen, sodass der Lichtschein wieder verblasst ist.

Bekümmert kauert sich Leonie zusammen. Was ist bloß geschehen? Sie kann sich an nichts mehr erinnern, seit sie im Boot aufgesprungen ist.

Wo sind sie denn nur? Irgendwo tief unten im Meer? Aber wieso können sie atmen?

Leonie tastet im Dunkeln nach ihrem Rucksack. Er ist trocken. Wie auch ihre Schuhe, ihre Hose und Jacke und auch ihre Haare: alles vollkommen trocken. Was geschieht hier?

„Hab keine Angst", hört sie plötzlich jemanden gluckern.

„Wer ist da?", wispert Leonie zurück.

„Ich bin nicht so wie die anderen mit Manta Ray davongeschwommen", gibt die Blubberstimme zurück. „Ich heiße Freddie, und du?"

„Hallo Freddie", flüstert Leonie in die Dunkelheit, „ich bin Leonie. Warum ist Manta Ray denn weggeschwommen?"

„Wegen der Gefahr von oben", antwortet der kleine Putzerlippfisch.

„Gefahr von oben?", wiederholt Leonie grübelnd und hält kurz inne, weil sie plötzlich an den Moment denkt, in dem Ben in *Silva* von dem unsichtbaren Wesen emporgerissen wurde, bevor Phillip und sie nach Latinis gelangten.

Dann setzt sie leise fort:

„Erzählst du mir, was geschehen ist?“

„Na klar“, blubbert Freddie zurück, „ich finde dich nämlich sehr nett. Womit soll ich denn beginnen?“

„Manta Ray wollte uns Menschenkindern helfen, weil ...?“, beginnt Leonie fragend.

„Ja, das ist ein guter Anfang“, freut sich Freddie und fährt gleich fort:

„Weil ihr direkt auf die Blue Rings zugesteuert seid. Sie haben nur darauf gewartet, dass ihr das Boot verlasst. Wenn ihr sie berührt hättet, hätten sie euch den Atem genommen.“

„Das hört sich ja grauenhaft an“, flüstert Leonie dazwischen, „was für abscheuliche Kreaturen müssen das denn sein?“

„Eigentlich“, murmelt Freddie weiter, „sind die Blue Rings wunderschöne kleine Kraken, deren blaue Ringe herrlich strahlen. Gehässig oder böse waren sie nie. Ihr tödliches Gift haben sie stets nur eingesetzt, um selbst zu überleben. Doch seit sie unter Albinus' Einfluss stehen, haben sie sich in bösartige Wesen verwandelt und sind unwahrscheinlich aggressiv geworden. Sie haben einen großen Teil der Küste des südlichen Landes belagert, um euch im Auftrag des weißen Zauberers aufzuhalten.

Deshalb hat Manta Ray euch geholfen.“

„Albinus wusste also, dass wir nach Terra australis gelangen wollten“, stellt Leonie mit gedämpfter Stimme fest.

„Natürlich“, gluckst Freddie aufgeregt. „Der weiße Zauberer weiß stets darüber Bescheid, was in der verborgenen Welt vor sich geht. Und er fordert von absolut jedem in *Miracula* bedingungslosen Gehorsam. Fuchsteufelswild ist er geworden, als sich Magic Manta Ray ihm entgegenstellte.“

„Magic Manta Ray?“, wiederholt Leonie leise.

„Ja, dies ist der Name des gütigen Magiers der Weite“, erklärt Freddie.

„Des gütigen ...“, beginnt Leonie tonlos, stockt kurz und spricht dann langsam zu Ende:

„... Magiers der Weite. Ein Magier?“

„Nun“, blubbert Freddie weiter, „ihr seid doch Menschenkinder und keine Meeresbewohner. Wie sonst solltet ihr wohl so lange unter Wasser ausharren können, wenn nicht durch seinen wunderbaren Zauber der Gewogenheit?

Manta Ray hat euch drei mit Luft umhüllt und euch hierhergebracht, während ihr geschlafen habt. Nur hier seid ihr in Sicherheit. Denn die Gefahr von oben ist noch nicht gebannt.“

„Aber wir waren zu fünft“, bricht es aus Leonie jetzt erschüttert hervor. „Meine beiden Cousins und wir drei Mädchen.“

„Das kann nicht sein", setzt der kleine Putzerlippfisch sofort entgegen, „es wurde nur von drei Menschenkindern gesprochen."

„Die drei aus der Menschenwelt", wispert Leonie zurück, „das sind Phillip, Ben und ich. Die beiden Schwestern hier kommen ja aus *Silva.*"

Freddie antwortet nicht. Kein Ton, kein Laut ist von ihm zu hören. Wo ist er plötzlich?

„Freddie?", fragt Leonie zaghaft, „bist du noch da?"

Doch der kleine Fisch rührt sich nicht. Endlose Sekunden lang.

„Freddie", gibt Leonie nun energischer von sich. „meine beiden Cousins sind bestimmt in Gefahr! Was ist die Gefahr von oben? Bitte antworte mir. Bist du noch da?"

„Ja", antwortet Freddie kaum hörbar, „ich bin noch da", und ist dann gleich wieder still.

„Was ist plötzlich mit dir?", fragt Leonie weiter.

„Jetzt ist mir klar", fängt Freddie zögernd an, „warum Manta Ray versucht, ihn abzulenken."

„Abzulenken?", wiederholt Leonie skeptisch. „Wen versucht er abzulenken?"

„Den dunklen Magier des Wandels", antwortet der kleine Fisch blubbernd.

„Wie bitte?“, stößt Leonie entsetzt hervor.

„Er ist die Gefahr von oben“, setzt Freddie fort. „Wenn er die beiden Menschenkinder findet, sind sie verloren. Wie ein unsichtbares Wesen wird er auf sie niederstürzen und ...“

„Nein“, fällt Leonie ihm ins Wort, „bitte nicht!“

„Aber niemand entkommt Morulus“, gluckert Freddie gedämpft.

„Morulus?“, murmelt Leonie und gibt sogleich entsetzt von sich:

„Der schwarze Rabe Morulus ist ein Zauberer? Der dunkle Magier des Wandels?“

„Er ist ein Verbündeter von Albinus“, spricht Freddie leise weiter. „Wer von den anderen Magiern sich ebenfalls für den weißen Zauberer entschieden hat, weiß ich nicht.“

„Es gibt noch weitere Magier?“, fragt Leonie ungläubig nach.

„Unter den Tieren gab es sieben Magier“, erklärt Freddie. „Gute Magier, die durch ihre besonderen Zauberkräfte die sieben Säulen der verborgenen Welt trugen.“

Traurig und etwas schwer verständlich blubbert der kleine Fisch weiter:

„Doch wer von ihnen bereits verschwunden ist, weiß ich nicht. Denn jedem, der den stillen Eid bricht, soll Furchtbares widerfahren, heißt es."

„Verschwunden? Welchen stillen Eid? Wie denn?", wispert Leonie entgeistert und starrt in die Dunkelheit. Ihre Stimme bebt.

Avis, der Adler, ist verschwunden.

Und auch Raj Ravin, der goldene Tiger.

Beide haben sich direkt vor ihren Augen aufgelöst. Einfach so. In Nichts.

„Niemals sollte ein Mensch in die verborgene Welt gelangen", beginnt Freddie, „denn leider liegt es in der Natur so mancher Menschen, zu zerstören, da Böses in ihnen wirkt." Er hält kurz inne und erzählt dann weiter:

„Der stille Eid, den jeder der sieben Magier unter seinem geheimen wahren Namen leistete, besagt, dass sie *Miracula* stets beschützen und die Grenzen zur Menschenwelt im Auge behalten wollten. Damit die verborgene Welt niemals vom Bösen erfasst werde.

Eines Tages aber wurde *Miracula* dennoch bedroht. Doch nicht von einem Menschen, sondern von jemandem aus der verborgenen Welt selbst.

Aura versprach, dass Menschenkinder kommen würden, die dazu auserwählt seien, *Miracula* zu retten. Vor Albinus. Vor dem Bösen, das die verborgene Welt zu zerstören droht.

Um die Menschenkinder aufzuhalten, bevor sie ihm in die Quere kämen, legte der weiße Zauberer einen furchtbaren Bann auf die sieben Magier, der mit ihrem stillen Eid verknüpft war. Denn er dachte, dass sich so keiner von ihnen jemals gegen ihn richten würde:

Wann immer einer der sieben den stillen Eid brechen und den Kindern Durchlass gewähren oder ihnen gar helfen sollte, würde er seinen geheimen wahren Namen verlieren. Und damit auch seine Zauberkraft.

Denn nur sein geheimer wahrer Name verleiht einem Magier seine besondere Zauberkraft. Und nur durch seinen geheimen wahren Namen kann ein Magier bestehen. Verliert er diesen, bleibt allmählich nichts mehr von ihm übrig: Er verliert seine innere Kraft, kann nicht mehr sehen oder sprechen.

Albinus' Bann bedeutete für die sieben Magier also, dass sie völlig verschwinden würden. Für immer. Verbannt an einen Ort, aus dem es kein Entrinnen gibt. Ihre Zauberkräfte aber würden zugleich auf Albinus übergehen."

Deswegen ist Albinus bereits stärker und größer geworden, denkt Leonie bei sich, während Tränen über ihre Wangen laufen.

Avis konnte nicht mehr sprechen und Raj Ravin hatte seine innere Kraft zusehends eingebüßt. Sie hatten beide den Eid gebrochen, da sie offenbar fest davon überzeugt waren, dass Auras Versprechen gilt: dass sie, die drei Menschenkinder, *Miracula* retten werden.

Ist auch Noctua deswegen spurlos verschwunden? Und wird es Manta Ray ebenso ergehen?

Wird *Miracula* bald schon in sich zusammenstürzen, wenn die sieben Magier die sieben Säulen der verborgenen Welt nicht mehr tragen können?

Plötzlich hört Leonie ein leises Knarren über ihrem Kopf. Aufgeregt blickt sie nach oben. Der Spalt öffnet sich erneut.

Doch irgendetwas ist jetzt anders als zuvor.

Denn es dringt nicht so wie vorhin mattes Licht hindurch, sondern es bleibt dunkel.

Stockdunkel.

SARCOPHILUS

Plötzlich ist ein beunruhigendes Krabbeln zu hören. Irgendwo im Dunkeln bewegt sich etwas von rechts auf sie zu. Näher und näher an sie heran.

„Ich will nicht wissen, was da im Moment um uns herumwimmelt", murrt Ben. „Mich hat grad etwas berührt. Lass uns lieber nach draußen schauen, ob die Luft schon rein ist."

Abrupt springt er auf.

„Nein", tuschelt Phillip zurück, „bleib hier!" Im Dunkeln tastet er nach Bens Arm.

Im gleichen Augenblick aber hört Phillip einen dumpfen Laut, ganz in seiner Nähe. Woraufhin irgendwelche Steine rieseln. So als würde etwas neben ihm hinunterrutschen.

„Ben?", wispert Phillip und fuchtelt mit seinem rechten Arm heftig im Finstern umher.

Doch Ben antwortet nicht. Ben ist nicht mehr da. Nicht mehr neben ihm.

Wo ist er hin?

Langsam und lautlos greift Phillip nach seinem Rucksack. Die krabbelnden Geräusche rechts von ihm werden heftiger und unruhiger. Lauter und bedrängender.

Auf einmal hört Phillip eine unheimliche Stimme:

„Sarcophilus. Sarcophilus."

Immer und immer wieder hallt dieses Wort im Flüsterton durch die Dunkelheit. Wie ein gespenstisches Echo. Wie eine zischelnde Geisterstimme.

Und plötzlich ist da auch irgendetwas links neben Phillip. Ganz in seiner Nähe. Kratzend. Scharrend. Als versuchte sich etwas durch den Felsen zu graben.

Zum Glück hat Phillip sein Taschenmesser, zugleich aber auch die Taschenlampe, nach der er eigentlich gesucht hat, sofort zur Hand. Gefasst streckt er seinen Arm aus und schaltet die Lampe ein.

Im selben Augenblick hält er den Atem an. Denn im hellen Lichtschein funkeln ihm schwarze Augen böse entgegen. Dunkle Kreaturen mit rot leuchtenden Ohren und spitzen, weiß blinkenden Zähnen stehen für einen winzigen Moment erstarrt am Höhleneingang. Als würde sie der Lichtstrahl kurz davon abhalten, Phillip anzugreifen.

Dann aber beginnen sie, sich dem Jungen wild fauchend und laut kreischend zu nähern.

Es sind viele. Sehr viele.

Ihr Körperbau ähnelt dem riesiger Ratten. Jedoch sind ihre Köpfe breiter und wuchtiger und ihre langen Schwänze viel massiger.

Beutelteufel, fährt es dem Zwölfjährigen wie ein Blitz durch den Kopf. Diese Art aus der Familie der Raubbeutler kann ziemlich angriffslustig sein, obwohl die Vierbeiner eigentlich niedlich aussehen. Was aber ist mit diesen Tieren hier geschehen?

Die Gesichter der Beutelteufel, die da soeben auf Phillip zuschleichen, erscheinen völlig verunstaltet: Hässliche Wucherungen überdecken je ein Auge. Die rötlichen, dicken Geschwülste, die in ihren Gesichtern an den verschiedensten Stellen hervorstehen, sehen abscheulich und abstoßend aus. Bestimmt haben sie große Schmerzen. Vielleicht fletschen sie auch deshalb ihre Zähne. Da ihnen diese grausligen Geschwüre wirklich große Qualen bereiten.

Jedenfalls ist mit ihnen nicht zu spaßen. Ihre kräftigen Gebisse schlagen so heftig aufeinander, als wollten sie Phillip mit einem Biss verschlingen.

Näher und näher kommen sie an den Buben heran.

„Ben“, flüstert Phillip jetzt noch einmal kaum hörbar und bewegt den Lichtstrahl seiner Taschenlampe zugleich blitzschnell zu seiner rechten Seite. Dorthin, wo Ben vorhin noch war.

Doch sein Bruder befindet sich dort nicht mehr, stattdessen wimmelt es neben Phillip von Tausenden und Abertausenden Spinnen. Auf ihren kleinen, tiefschwarzen Körpern sind sanduhrförmige Zeichnungen erkennbar, die im grellen Licht der Lampe hellrot aufleuchten.

Unruhig wuseln sie auf dem Felsstein umher, schwärmen aus allen Ritzen und Lücken heraus und tummeln sich flink um Phillip herum.

Dass sie auch beginnen, weiter und weiter an ihm hochzukrabbeln, bemerkt Phillip gar nicht. Viel zu groß ist seine Sorge um seinen jüngeren Bruder. Denn von Ben fehlt jede Spur.

„Verdammt, wo bist du hin?“, murmelt Phillip bei sich, während er den Lichtkegel hastig in der Höhle umherlenkt.

„Nein!“, gibt er plötzlich erschüttert von sich und lässt den hellen Schein an einem Punkt verharren: Gleich neben der Stelle, an der Ben vorhin hockte, fällt die Felswand einige Meter steil ab.

Ist Ben da hinuntergefallen? Ausgerutscht, als er vorhin so schnell aufgesprungen ist?

Ist dieser Körper, der da drei, vier Meter unter ihm in der Felsspalte liegt, etwa Ben? Er rührt sich nicht!

„Ben!“, ruft Phillip bestürzt aus.

„Ben, Ben, Ben!“, hallt es durch die dunkle Höhle. Einige Male. Gespenstisch. Verzerrt.

Auf einmal spürt Phillip einen unangenehmen warmen Atemhauch. Mit bestialischem Gestank. Direkt an seiner Seite. Neben seiner linken Wange.

Etwas schnappt nach ihm. Beißend. Grollend. Doch es scheint Phillip nicht berühren zu können.

Offenbar beschützt ihn das Licht *Orientiums* noch immer. Aber wie kann das sein, wenn Ben doch regungslos, vielleicht sogar bewusstlos, in der Schlucht unten liegt?

Ist das wirklich Ben?

Phillip strengt seine Augen noch mehr an, während er den still ruhenden Körper auf dem Boden des Abgrunds anleuchtet. Er bewegt sich nicht. Kein bisschen.

Plötzlich berührt etwas Klebriges Phillips linke Wange. Erschrocken reißt er seine Taschenlampe hoch.

Da trifft ihn im selben Moment gleißend grelles Licht. So weiß, dass es ihn blendet. So hell, dass Phillip für einen kurzen Moment die Augen schließen muss.

Blinzelnd nimmt er jedoch allmählich wahr, dass das bleiche Licht, das ihn umgibt, bloß eine starke Reflexion des hellen Scheins seiner Taschenlampe ist. Denn offenbar hat sich direkt neben ihm innerhalb der letzten paar Sekunden und Minuten eine riesige, weiße, senkrechte Fläche gebildet. Wie aus dem Nichts. Eine gigantische Scheibe, die sich von einer Seite der Höhle zur anderen spannt.

Wie ein überdimensionaler Spiegel wirft sie das helle Licht der Lampe zurück.

Sie glitzert. Sie ist klebrig.

Und Millionen achtbeiniger Krabbeltiere tummeln sich auf ihr.

Es ist ein gewaltiges Spinnennetz, das die Beutelteufel daran hindert, an Phillip heranzukommen. Die Vierbeiner versuchen, ihre weit aufgerissenen Schnauzen zwischen den feinen weißen Fäden durchzudrücken. Immer wieder sind die Abdrücke ihrer spitzen Zähne erkennbar. Sie stemmen sich gegen das gewaltige Netz, um es zu zerreißen, doch offenbar können sie durch das unbeschreiblich dichte Gefüge nicht hindurch.

Das Netz hält.

Doch wie lange wird es den unbändigen Versuchen der Beutelteufel, das Gewebe zu durchstoßen, standhalten?

Angespannt beobachtet Phillip, mit welch enormer Aggressivität die Vierbeiner zu ihm hindurchgelangen wollen.

Sie werden nicht aufgeben, überlegt er still bei sich, bestimmt nicht. So lange nicht, bis sie hier sind und uns fassen können.

Bei diesem Gedanken wird ihm ganz mulmig zumute. Denn Beutelteufel haben den stärksten

Biss von allen Säugetieren. Außerdem verzehren sie ihre Beute vollständig: mit Haut und Haaren und samt Knochen.

Ich muss zu Ben hinunter, denkt er kopfschüttelnd, irgendwie.

Als er sich ein wenig aufrichten möchte und dabei das Licht der Taschenlampe umherschwenkt, bemerkt er plötzlich, dass er seine Beine nicht mehr bewegen kann. Außerdem sind seine Jeans und seine Schuhe nicht mehr zu sehen, denn die Spinnen haben in der Zwischenzeit ein dichtes Netz um seinen Unterkörper gewoben.

Lautlos und unbemerkt.

Ganz offensichtlich haben sie nun auch vor, seine oberen Körperteile einzuhüllen, denn die Gliederfüßer huschen jetzt zu Tausenden blitzschnell auf seiner Jacke umher. Bevor Phillip die unzähligen Spinnentiere abschütteln kann, ist sein gesamter Oberkörper in Sekundenschnelle von den weißen, klebrigen Fäden umgeben.

Und wieder hört Phillip diese unheimliche Stimme aus allen Winkeln der Höhle zischeln:

„Sarcophilus. Sarcophilus."

Einen Atemzug später ist auch Phillips Kopf vom Netz der Krabbeltiere umhüllt. Zum Glück kann er noch atmen, doch er kann sich keinen Millimeter mehr bewegen. Denn der dichte, weiße Kokon hält ihn unbarmherzig gefangen.

Das Licht seiner Taschenlampe schimmert durch die winzigen Fugen der klebrigen Hülle hindurch. Sehen kann Phillip trotzdem nicht, was in der Höhle vor sich geht.

Doch es hört sich wie ein grausamer Kampf an. Haben die Beutelteufel das Netz durchbrochen, und kämpfen sie nun gegen die kleinen Spinnen?

Woher kenne ich bloß diese Sanduhrzeichen auf den Rücken der Spinnen?, versucht Phillip angestrengt, sich zu erinnern. Er weiß, dass er diese roten Zeichnungen schon einmal gesehen hat. In irgendeinem Lexikon.

Terra australis, sinnt er weiter, Australien. Spinnen.

Plötzlich hält Phillip den Atem an und murmelt dann beim Ausatmen zittrig vor sich hin:

„Es ist – die – Rotrückenspinne, eine der giftigsten Spinnen, die es überhaupt gibt. Was, wenn ...?“, dann spricht er nicht mehr weiter.

Phillip hat über das Gift der Rotrückenspinne gelesen. Ihren Biss bemerkt man nicht. Doch das Gift ruft Krämpfe und Lähmungserscheinungen hervor, die auch zum Tod führen können, wenn die Atmung betroffen ist.

Nun gut.

Die Spinnen haben Phillip und Ben zwar vor den angreifenden Beutelteufeln gerettet. Doch was, wenn sie das nur deswegen getan haben, um die Menschenkinder für sich selbst als Beute zu gewinnen?

Plötzlich wird es Phillip schummrig vor Augen. Alles um ihn herum fängt an, sich zu drehen.

Beginnt das Gift bereits zu wirken?

Dann wird es still. Atemberaubend still.

Doch nur für einen winzigen Augenblick, denn schon im nächsten Moment reißt jemand die Hülle mit enormem Druck empor.

Für einige Sekunden scheint sie zu schweben, ja sogar schwerelos zu sein. Aber schon einen Atemzug später beginnt sie, jäh und ungestüm hin und her zu pendeln und heftigst auf und ab zu schwingen.

Leonie und die beiden Zwillingsmädchen werden in der geheimnisvollen Luftblase heftig von links nach rechts geworfen.

Doch die hauchdünnen Wände der magischen Hülle sind weich und elastisch und nehmen die ruckartigen Bewegungen der Mädchen in sich auf. So als befänden sie sich in einem riesigen Gummiball, der sich in alle möglichen Richtungen ausdehnen kann.

Unendlich erscheinen Leonie die turbulenten Minuten, in denen sie ununterbrochen umhergerüttelt werden, bis die sprunghaften Bewegungen schließlich langsam weniger und immer weniger werden und die überdimensionale

Luftblase sich am Ende nur noch ganz still dahinbewegt.

So als würde sie schweben.

Von irgendwo dringt ein matter Lichtstrahl durchs endlos tiefblaue Wasser und lässt das Meer hie und da silbrig erscheinen. Leonie sieht nach oben. Ist es das Licht des Mondes, das sich hier in den Wellen bricht? Ist es schon Nacht geworden? Wie viel Zeit ist vergangen?

Jedenfalls hat Manta Ray die Kinder aus der finsteren Höhle geholt, in der er sie versteckt hielt. Denn Leonie kann im fahlen Licht die Umrisse des Riesenmantas erkennen. Lautlos bewegen sich seine gigantischen Flossen im teilweise silbern schimmernden Wasser auf und ab. Mit eleganten Flügelschlägen zieht er die Luftblase still durchs Meer. Ist die Gefahr vorüber?

„Freddie?", wispert Leonie und blickt um sich. „Bist du noch da?"

„Ja", blubbert der kleine Putzerlippfisch zurück, „ich bin hier. Manta Ray hat es ziemlich eilig, nach Archipelagos zu gelangen. Zum Glück muss ich nicht selbst schwimmen. Mit seinem Tempo könnte ich niemals mithalten."

Leonies Augen folgen Freddies Stimme. Gleich links über ihr haftet er an der magischen Lufthülle, als hätte er sich mit seinen winzigen Flossen daran angedockt. Seine schmale, kleine Gestalt schlenkert dabei ausgelassen hin und her. Er wirkt noch zierlicher, als die anderen Putzerlippfische es waren. Die schwarzen Längsstreifen auf seinem silbrigen Körper sehen bei ihm wie kleine Blitze aus.

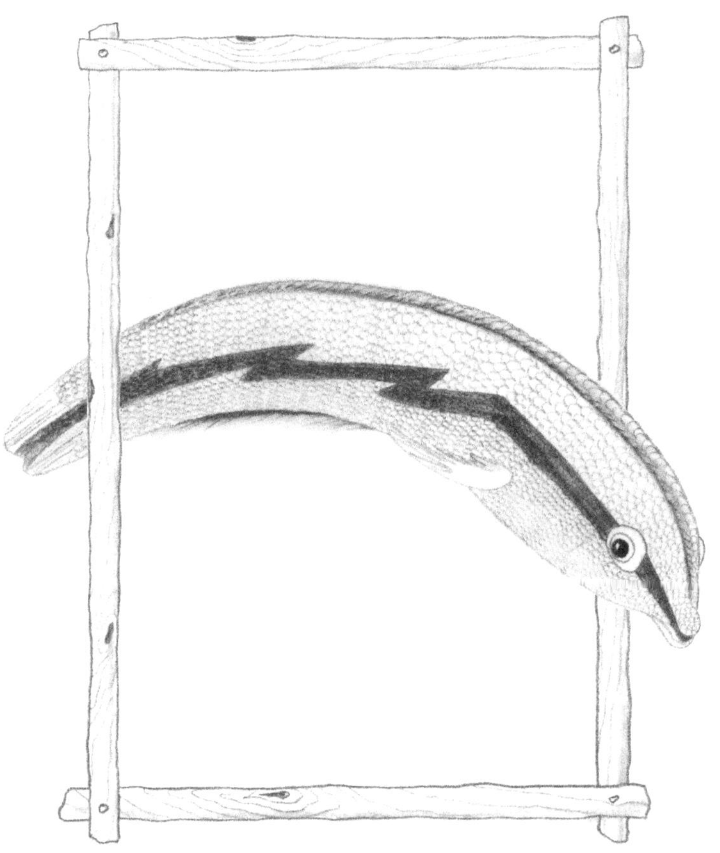

„Archipelagos?“, wiederholt Leonie leise, „was ist das? Warum will er dahin?“

„Archipelagos heißt der Ort, wo die vielen Schiffe ruhen“, antwortet Freddie leise. „Dorthin will er euch bringen. Denn dort seid ihr in Sicherheit.“

Wie bitte? Manta Ray bringt uns weg von hier? An einen Ort, wo Schiffe ruhen? In Sicherheit? Aber wo sind Phillip und Ben?, saust es in Leonies Kopf umher.

Was wird mit ihren beiden Cousins geschehen?

„Ist das weit von hier?“, bricht es aus Leonie zweifelnd hervor.

„Ja, Archipelagos liegt weit von hier, aber wir sollten dort sein, bevor sich das Licht der Sonne wieder in den Wellen bricht“, gluckert Freddie. „Die Wogen des Meeres sind dem gütigen Magier der Weite wohlgesinnt.“

„Aber Freddie! Ich hab dir doch gesagt, dass Phillip und Ben irgendwo da draußen sind“, spricht Leonie aufgebracht weiter.

Sie sieht Freddie beunruhigt an. Er wirkt plötzlich wie erstarrt und antwortet nicht.

„Freddie!“, gibt Leonie jetzt mit hoher Stimme von sich. „Wir können nicht ohne die beiden von hier weg! Du sagtest doch, dass Aura von drei

Menschenkindern sprach. Wir drei sollten nicht getrennt sein!“

Noch bevor Leonie zu Ende gesprochen hat, bleibt die riesige Luftblase auf der Stelle still stehen, Manta Rays riesige Flossen bewegen sich nicht mehr. Keinen Millimeter. Leise aber deutlich erklingen aufgewühlte Stimmen im Sprechchor:

„Freddie, wovon spricht das Menschenkind da?“

„Ähm“, stammelt der kleine Fisch erst nach einigen Sekunden zögernd. „Das hier sind nicht die drei Menschenkinder.“

„Nicht die drei Menschenkinder?“, wiederholen die Putzerlippfische gleichzeitig, während sie zahllos aus Manta Rays Maul herausschwärmen.

„Ja, das hat das Mädchen vorhin gesagt“, antwortet Freddie verhalten.

„Wie kann das sein?“, fragen die Fische aufgebracht durcheinander. „Es sind doch drei Kinder.“

„Die beiden Mädchen neben mir sind aus *Silva*“, erklärt Leonie.

„Aus *Silva?* Kinder aus *Silva?*“, geben die Fische durcheinanderplappernd von sich.

„Ja, das hat sie gesagt“, wiederholt Freddie noch einmal ganz leise. „Im Boot waren fünf Kinder. Manta Ray muss die beiden anderen im Boot übersehen haben.“ Kurz hält Freddie inne und gluckert dann plötzlich:

„Aber wie konnte ihm das nur passieren?“

„Freddie!“, blubbern die Putzerlippfische aufgeregt und zugleich zurechtweisend wie aus einem Maul hervor. „Wie ihm das passieren konnte? Du weißt doch, dass Albinus’ Fluch Manta Rays Kräfte von Beginn an rasend schnell schwinden ließ. Der weiße Zauberer nahm ihm nicht nur die Stimme, sondern er trübte auch sein Augenlicht. Der Bann umschlingt und erschöpft Manta Ray mehr und mehr.“

Dann beginnen die kleinen Fische, unverständlich durcheinanderzubrabbeln. Zwischendurch fällt immer wieder der Name ‚Archipelagos‘ und dann einige Male das Wort ‚Menschenkind‘. Am Ende hört Leonie ein paarmal:

„Es bleibt ihm kaum noch Zeit. Es bleibt ihm kaum noch Zeit.“

„Es bleibt ihm kaum noch Zeit“, wiederholt Leonie still. Kopfschüttelnd. Tränen kullern über ihre Wangen.

Mit einem sanften Ruck setzt sich die magische Luftblase wieder in Bewegung. Manta Ray nimmt offensichtlich den Weg nach Archipelagos nochmals auf.

Leonie ist verzweifelt. Der gütige Zauberer der Weite ist völlig geschwächt und dennoch versucht er, Flava, Viride und sie mit letzter Kraft von hier wegzubringen. Traurig blickt sie zu den Zwillingen und murmelt dabei leise vor sich hin:

„Morulus ist nicht mehr da. Warum nimmt Manta Ray dennoch so einen weiten Weg auf sich? Wirklich nur wegen der Blue Rings?“

Dann blickt sie Freddie mit erwartungsvollen Augen an und fragt leise:

„Warum muss Manta Ray uns ausgerechnet nach Archipelagos bringen?“

„Weil ihr dort in Sicherheit seid“, antwortet Freddie und setzt erst nach einer Weile flüsternd fort, „denn die Inseln sind verzaubert.“

„Archipelagos besteht aus Inseln, die verzaubert sind?“, fragt Leonie neugierig nach.

„Ja“, bestätigt Freddie blubbernd, „aus Inseln und aus den schönsten Korallenriffen weit und breit.“

„Dann meintest du wohl bezaubernd“, lächelt Leonie den kleinen Fisch an.

„Tja“, gluckst Freddie sofort zurück, „die Riffe sind zwar die schönsten, ja die bezauberndsten in *Miracula,* aber sie sind auch die gefährlichsten der verborgenen Welt. Da sie eben verzaubert sind. “

„Die gefährlichsten Riffe?“, wiederholt Leonie stirnrunzelnd, „und trotzdem bringt Manta Ray uns hin, weil wir dort sicher sein sollen? Ich kapier’s nicht.“

„Nun“, beginnt Freddie blubbernd, „der Zauber, der auf Archipelagos liegt, hat mit dem magischen Stein des südlichen Landes zu tun.“

„Mit welchem magischen Stein?“, wirft Leonie hastig dazwischen.

„Das will ich dir ja grad erzählen“, gluckert Freddie und blickt Leonie mit großen Glubschaugen entgegen, „wenn du mich lässt.“

„Okay“, nickt Leonie ihm lächelnd zu, „ich unterbreche dich nicht mehr. Ich verspreche es.“

„Also“, fängt Freddie an, „es ist so: Arausio …“

„Arausio?“, fällt Leonie dem kleinen Fisch erneut ins Wort, stoppt aber sofort wieder, hält reumütig den rechten Zeigefinger auf ihre Lippen und flüstert dann verlegen: „Entschuldige.“

„A-r-a-u-s-i-o“, beginnt Freddie abermals, jedoch sehr zögernd, und sieht Leonie dabei aufmerksam und durchdringend an, „so heißt der magische Stein des südlichen Landes, befindet sich auf Archipelagos. Besser gesagt liegt er mittlerweile irgendwo unter den Inseln. Doch niemand kennt seinen genauen Aufenthaltsort, weil er niemanden in seine Nähe lässt.“

Er lässt niemanden in seine Nähe?, will Leonie herausprusten und vor lauter Ungeduld am liebsten aufspringen , doch sie schweigt im letzten Moment. Sie hat es Freddie ja versprochen.

Der kleine Putzerlippfisch beobachtet jede ihrer Bewegungen, zieht dann sein Maul weit auseinander, sodass es so aussieht, als würde er breit grinsen und gluckst vergnügt:

„Ich mag dich. Du bist ja genauso neugierig wie ich. Also, was wolltest du grad fragen?"

„Ein Stein, der niemanden in seine Nähe lässt?", wirft Leonie Freddie skeptisch entgegen. „Wie macht er das?"

„Ein magischer Stein", betont Freddie und blubbert gleich freudig weiter: „Ein wunderwunderschöner, prächtig leuchtender Zauberstein!

Arausio ließ alles um sich hell erstrahlen. Er erwärmte das gesamte südliche Land mit seinen brillanten Orangetönen. Immer, wenn die Sonne den Himmel verließ, vereinte sich Arausios Licht mit den Strahlen des Mondes. Kalte und bedrohliche Dunkelheit gab es hier nicht.

Damals war Archipelagos noch Teil des Festlandes. Arausio befand sich also auch auf dem Festland. Eines Tages aber öffnete sich plötzlich der Erdboden und Arauiso verschwand mit einem Mal.

Es hieß, dass *Silva* seine Farben verloren hatte und Albinus' Dunkelheit über den magischen Wald hereingebrochen war. Dadurch soll auch der magische Stein des südlichen Landes beinahe all seine Kraft verloren haben. Albinus hätte wohl leichtes Spiel gehabt, das Licht an sich zu reißen. Deshalb versank Arausio. Spurlos.

Einige Zeit später tauchte er jedoch wieder auf. Zu jenem Zeitpunkt, als *Silva* angeblich wieder zu leuchten begann. Doch Arausios Licht war nicht mehr so stark wie früher.

Albinus sandte seine Verbündeten aus, um das Licht des südlichen Landes zu zerstören. Von allen Seiten näherten sich schwarze Wesen, um gemeinsam Arausio zu vernichten. Da begann sich die Erde auf einmal zu spalten. Viele kleine Inseln entstanden, die mehr und mehr vom Festland wegdrifteten und das orange Licht, das sich auf einer der Inseln befand, mit sich nahmen.

Doch die schwarzen Wesen nahmen die Gestalten von Meerestieren an und näherten sich dem Licht abermals, um es auszulöschen.

In jenem Augenblick versank Arausio erneut unter der Erde. Zugleich begannen sich um die Inseln herum, Korallenriffe zu erheben. Hell leuchtend, in Millionen Orangetönen schimmernd, weiteten sie sich aus und bildeten dabei endlose

Irrgänge. Knapp unter der Wasseroberfläche bis tief hinunter zum Meeresgrund ließen sie bizarre Formen entstehen.

Der magische Stein des südlichen Landes vermochte die Bewohner *Miraculas* von den schwarzen Wesen nicht mehr zu unterscheiden. Denn die Verbündeten des weißen Zauberers konnten durch den dunklen Magier der Verwandlung jede Gestalt annehmen, die er nur einmal berührt hatte.

Darum hat Arausio diese herrlichen Korallenriffe um sich herum geschaffen, um gar niemanden mehr an sich heranzulassen. Die schönsten in *Miracula,* aber auch die gefährlichsten.

Denn hinter ihren prächtigen Farben verbergen sie ein gefährliches Gift, das jeden, der mit ihnen in Berührung kommt, lähmt. Ihre Irrgänge nehmen jeden gefangen, der sie zu durchtauchen versucht, und ihre bunten, weit ausfächernden Arme sind so scharfkantig und spitz, dass sie die herannahenden Boote aufschlitzen und versinken lassen."

„Der Ort, an dem die vielen Schiffe ruhen", murmelt Leonie vor sich hin. Gedankenverloren. Dann starrt sie Freddie verständnislos an:

„Und an diesen Ort bringt Manta Ray uns jetzt? Wie will er denn an den Korallenriffen vorbeikommen?"

„Manta Ray kann nicht an ihnen vorbei, um auf die Inseln zu gelangen."

„Aha", gibt Leonie tonlos von sich.

Freddie sieht sie aufmerksam an und formt sein Maul erneut zu einem breiten Grinsen:

„Aber du kannst es. Du bist ein Menschenkind. Du bist die Einzige hier, die Archipelagos wirklich erreichen kann. Du kannst Manta Ray und uns alle hinführen. An den giftigen Korallen vorbei und durch ihre verzauberten Irrgänge hindurch."

„Und wie soll ich das bitte anstellen?", fragt Leonie stirnrunzelnd.

„Du wirst es wissen", geben alle Putzerlippfische gleichzeitig von sich, während sie um die riesige Luftblase blitzschnell herumschwärmen.

„Also gut", flüstert Leonie etwas unsicher, „ich werde halt mein Bestes versuchen", während ihre Gedanken zu ihren beiden Cousins hin schweifen.

Wären sie jetzt doch nur hier. Bei ihr. Wie soll sie das denn alleine schaffen? Wie soll sie Manta Ray und die anderen bloß an den Korallen vorbeiführen, wenn die Riffe derartige Gefahren in sich bergen? Das lähmende Gift in sich tragen, Irrgänge haben, die jeden gefangen nehmen, und spitze Arme ausstrecken, die sogar Schiffe versinken lassen? Nachdenklich schüttelt die Achtjährige ihre blonden Locken.

„Die der Zauber nicht hält,
können nur Menschenkinder sein.
Denn sie sind dazu auserwählt,
Miracula vom Bösen zu befrei'n",

blubbert der Fischchor auf einmal weiter.

„Ja, das waren Auras letzte Worte, als sie Arcus verließ", wispert Leonie leise. „Doch wir sollten bestimmt alle drei zusammen hier sein, denn gemeinsam kann man viel mehr erreichen."

Phillip und Ben sind aber nicht hier. Leonie hat keine Ahnung, was mit den beiden geschehen ist.

Traurig lässt sie ihren Blick zu Manta Ray hingleiten, der die große Luftblase lautlos durch den dunkelblauen Ozean zieht.

Der gigantische Riesenmanta wird sich schon bald in Luft auflösen. So wie Avis. So wie Raj Ravin.

Es waren einst sieben. Sieben Magier, die die sieben Säulen *Miraculas* trugen. Nun ist die verborgene Welt knapp davor, in sich zusammenzubrechen. Wie sollte sie, ein achtjähriges Mädchen, da noch irgendetwas bewirken können?

Plötzlich tritt aus Manta Rays Auge eine glitzernde Perle hervor. Wie eine silberne Träne ist sie auf einmal erschienen.

„Die magische Perle", gibt Freddie im selben Moment von sich.

Im Nu löst sich der zierliche Fisch von der riesigen Luftblase, an die er sich geheftet hatte, zischt auf die schimmernde Perle zu, saugt sich an ihr fest und versucht mit all seiner Kraft, sie an die Luftblase heranzubugsieren. Das scheint nicht besonders einfach, denn das glitzernde Schmuckstück ist dreimal so groß wie Freddie selbst. Doch der kleine Putzerlippfisch gibt nicht auf! Niemals! Freddie doch nicht! Eifrig weicht er entgegenkommenden Strömungen aus, gekonnt schlängelt er sich zwischen hindernden Wasserläufen hindurch, bis er es wirklich geschafft hat.

Seine großen Glubschaugen blitzen Leonie freudig an, als die kleine glänzende Kugel lautlos durch die magische Hülle dringt und sogleich sanft in Leonies rechter Hand landet.

Mit großen Augen blickt Leonie den Putzerlippfisch an und dann nochmals zu Manta Ray auf, der ihr gütig zunickt, während Freddie, der sich schnell wieder an die Luftblase angehängt hat, ihr leise erklärt:

„Es ist die einzige Perle ihrer Art. Sie trägt den wunderbaren Zauber der Gewogenheit in sich, der doch ändern kann, was nicht mehr zu ändern scheint. Bewahre sie gut bei dir und setze sie mit Bedacht ein, erst dann, wenn der richtige Moment gekommen ist. Denn sie wird nur ein einziges Mal leuchten können, um ihren besonderen Zauber zu entfachen."

„Die einzige?", wiederholt Leonie zaghaft.

„Ja", blubbert Freddie zurück, „und Magic Manta Ray hat entschieden, dass du sie bekommst."

„Aber wie kann ihr Zauber entfacht werden?", fragt Leonie schüchtern weiter.

„Sobald du dich mit ganzem Herzen dafür entscheidest, dass du sie brauchst, wird sie zu leuchten", antwortet Freddie.

„Okay", wispert Leonie, zieht im nächsten Moment ein kleines herzförmiges Amulett hervor, das an einer Kette um ihren Hals hängt, öffnet es, während sie versonnen weiterspricht: „Ich werde sie wie meinen Augapfel hüten, und dies ist bestimmt der richtige Platz für sie", damit legt sie die kleine Perle behutsam hinein.

Dass Viride jede ihrer Bewegungen aufmerksam beobachtet und ihr Blick dabei immer seltsamer wird, merkt Leonie nicht, weil sich das Mädchen aus dem magischen Wald völlig still verhält.

Seit die Zwillinge von *Silva* aus durch die Eiche nach *Orientium* sprangen, sind beide ja stumm. Doch Viride scheint zudem noch mit etwas anderem kämpfen zu müssen. Etwas Furchtbarem.

Als die Elfjährige ihren Blick langsam zu Manta Ray gleiten lässt, wirken ihre Augen wie erstarrt.

Leonie sieht das nicht mehr, denn sie hat ihre Augen geschlossen. Für einen kurzen Moment nur, denkt sie bei sich, möchte ich mich ausruhen. Wer weiß, was da in Kürze auf uns zukommt.

Sekunden später schläft sie tief und fest, während Manta Ray elegant und lautlos weiter auf Archipelagos zusteuert.

Auch Flava ist inzwischen eingeschlafen, während die magische Hülle sanft hin und her pendelt.

Nicht aber Viride. Sie starrt mit steinernem Blick in die endlose Weite des tiefblauen Ozeans.

HEISSES LICHT

Auf und ab. Langsam und gemächlich hin und her. Schwebend. Schaukelnd. Ruhig und gleichmäßig ist jede einzelne Bewegung. Nach vorne und dann nach hinten schwankend. Leicht nach links und wieder nach rechts drehend.

Phillip wird allmählich übel.

Er hängt in der Luft. Kopfüber pendelnd. Umhüllt von diesem dichten Netzgefüge. Offenbar haben die Spinnen den Kokon an den unsagbar starken Fäden hochgezogen und irgendwo oben an der Höhlendecke befestigt. Wahrscheinlich als Beute.

Für später. Denn im Moment scheinen sie verschwunden zu sein, rundum ist kein Ton zu hören.

Phillip horcht in die Stille und versucht dabei, seine Finger, mit denen er nach wie vor gemeinsam mit seiner kleinen Taschenlampe auch sein Taschenmesser hält, zu bewegen. Obwohl er kaum Spielraum hat, gelingt es ihm tatsächlich, sein Taschenmesser aufzuklappen.

Vorsichtig beginnt er, das kleine Messer blind hin- und herzubewegen, um die klebrigen Fäden des

Kokons zu durchschneiden. Tatsächlich entsteht ein kleines Loch im festen Netzgewebe, das langsam größer und größer wird.

Bald schon kann Phillip seinen Arm richtig bewegen. Beharrlich trennt er das Spinnennetz nach und nach auf, bis auch seine Beine freiliegen, die er sogleich langsam absinken lässt, um seinen Oberkörper aufzurichten und sich endlich aus der Kopfüberposition zu befreien.

Während er mit seiner linken Hand die starken Fäden umklammert, schneidet er nun auch das Netz rund um seinen Oberkörper auf. Bis hin zu seinem Gesicht.

Endlich kann er wieder etwas sehen!

Sein Blick folgt dem Licht der Taschenlampe, die er nach unten gerichtet hält. Liegt Ben immer noch so reglos da? In der Spalte? Ist er das da unten überhaupt? Eingehüllt in einen dichten weißen Kokon?

Ich muss sofort zu ihm, überlegt Phillip nicht lange und beginnt, sich mit beiden Armen an dem herabhängenden Netz zu einem vorspringenden Felsen hinzuschwingen.

Eins, zwei, drei. Geschafft!

Ohne zu zögern, rutscht er sogleich den felsigen Abgrund hinunter. Hin zu dem Körper, der da zusammengekauert, in ein weiß glitzerndes Spinnennetz eingehüllt, reglos auf dem Boden liegt.

„Ben, ich bin da“, flüstert Phillip, während er das Messer an den Kokon ansetzt, um ihn schnell aufzuschneiden und seinen Bruder von den klebrigen Fäden zu befreien.

Doch gleich nachdem Phillip begonnen hat, die glänzenden, in sich verschlungenen Fasern mit der scharfen kleinen Klinge geschickt und geschwind aufzutrennen, reißt der Kokon auf einmal entzwei.

Und im gleichen Augenblick springt ein fast eineinhalb Meter großes, über und über behaartes Tier mit einem Riesensatz aus dem Netz hervor und gibt einige Male völlig überreizt von sich:

„Sind sie weg? Sind sie weg?“

„Was bist denn du für einer? Wo ist Ben?“, fragt Phillip verwirrt, steht sofort auf und blickt verstört um sich.

„B-e-n! B-e-n!“, ruft er lauthals gegen die umgebenden Felsen.

„Ben, Ben, Ben, Ben!“, kommt es ununterbrochen von allen Seiten zurück.

Wo ist Ben denn nur?

„Bist du verrückt?“, knurrt das haarige Wesen Phillip an, während es seinen Kopf von einer Seite zur anderen schwenkt und mit seinen Zähnen bedrohlich knirscht.

„Nein“, setzt Phillip ihm kühn entgegen, würdigt es dabei aber keines Blickes, „ich muss nur meinen Bruder finden.“

„Wieso?“, fragt der Vierbeiner und hört im Nu auf, seine Zähne zu blecken. Neugierig hält er dem Buben seine Nase entgegen.

Seine Augen sind unter dem dichten Haarkleid kaum zu sehen. Er sieht wie ein Miniaturbär aus. Nein, doch nicht. Eher wie ein Biber? Nein, dazu fehlt ihm der ruderförmige Schwanz. Oder gar ein Dachs? Nein, er hat ja keine schwarz-weiße Gesichtsmaske. Seine Gattung ist kaum zu definieren.

Er hat einen kräftigen Körperbau, kurze, stämmige Beine und Tatzen mit überdimensionalen, sichelförmig gekrümmten Krallen. Die kleinen dreieckförmigen Ohren sehen auf seinem großen Kopf winzig aus.

„Weil er verschwunden ist“, antwortet Phillip kurz angebunden, sieht ihn dabei jedoch noch immer nicht an, sondern lässt seinen Blick nach wie vor unentwegt in der Höhle umhergleiten.

„Dann haben sie ihn erwischt“, brummt das Tier zurück.

„Wer?“, entgegnet der Zwölfjährige. „Die Spinnen oder die Beutelteufel?“

„Die Sarcophilus natürlich“, schließt das seltsame, bärenähnliche Wesen an.

„Sarcophilus“, wiederholt Phillip leise. Blitzschnell huschen seine Augen nun zu dem stämmigen Vierbeiner. Dieses Wort zischte vorhin auch schon einige Male durch die Höhle. Noch bevor er ihn fragen kann, wer diese Sarcophilus wirklich sind, beginnt das Tier knurrend:

„Tagelang haben sie mich bis hierher gejagt.“

„Tagelang gejagt?“, fragt Phillip nach, während er sein Gegenüber nachdenklich ansieht. „Die Sarcophilus? Was wollen sie von dir? Wer bist du denn?“

„Mein Name ist Willy Wombat“, antwortet das Tier, woraufhin Phillip plötzlich schmunzeln muss. Das hört sich fast wie Willy Wonka aus ‚Charly und die Schokoladenfabrik‘ an. Dieses Buch hat er erst vor Kurzem für den Englischunterricht gelesen. Die Figur des Willy Wonka fand er einfach genial.

„Wieso lächelst du?“, will Willy Wombat wissen und reckt seine Nase noch etwas höher.

„Ach, dein Name gefällt mir echt gut“, grinst Phillip, „du bist also ein Wombat? Irre, das hätte ich niemals erraten. Warum haben dich die Sarcophilus denn gejagt?“

„Wenn du wüsstest, welch weiten Weg ich hinter mir habe“, beginnt der Vierbeiner und schwenkt sein haariges Haupt von links nach rechts. „Es war einfach grauenvoll.“

„Woher kommst du denn?“, fragt Phillip weiter.

„Ich komme aus Tassie“, brummt der Wombat, „ja, das war einmal meine Heimat. Die Insel ist der schönste Fleck Erde in der verborgenen Welt.“

Tassie, wiederholt Phillip in Gedanken, nennen die Australier die Insel Tasmanien. Stimmt, dort kommen die Wombats hauptsächlich vor.

Unterdessen setzt das außergewöhnliche Beuteltier leise fort:

„Seitdem das südliche Land auf *Antarktikos* zusteuert, versucht jeder, so schnell wie möglich nach *Orientium* zu gelangen, um Albinus und seinen Verbündeten zu entkommen. Denn je näher Terra australis an das weiße Land heranrückt, desto kälter wird es hier. Und die dunklen Nächte dauern länger. Bald schon wird die Sonne nicht mehr über dem südlichen Land aufgehen. Und die Sarcophilus werden sich noch mehr ausbreiten.

Im Moment bietet der Uluru noch jedem, der ihn erreicht, Schutz, da die Aranea ihre bergenden Geflechte weben. Doch wenn die Sarcophilus die Überzahl erlangen, werden die Netze der Aranea ihnen nicht mehr standhalten können.“

„Die Sarcophilus sind also die Beutelteufel“, folgert Phillip leise. „Eine weitere Armee des weißen Zauberers, die sich gemeinsam mit der Dunkelheit ausbreitet. Sie haben wirklich furchteinflößend ausgesehen. Was ist mit ihren Gesichtern geschehen?“

„Albinus legte eine unheilbare Krankheit auf sie“, erklärt Willy Wombat tief grollend. „Diese abscheulichen Geschwüre ließen sie langsam erblinden und machten es ihnen auch unmöglich, Nahrung aufzunehmen. Durch die schrecklichen Qualen veränderten die Sarcophilus ihr Wesen.

Sobald es dunkel wird, drängen sie unerwartet aus ihren unterirdischen Bauten hervor und fallen über jeden her, der ihren Weg kreuzt. Da sie kaum noch etwas erkennen können, vermögen sie Gut und Böse nicht mehr voneinander zu unterscheiden.

Sie sind zu gemeinen und unglaublich gehässigen Kreaturen gewor...“

Plötzlich hält Willy Wombat inne und wittert unruhig nach links und rechts.

„Was ist denn?“, will Phillip wissen.

„Da war grad etwas“, gibt der Vierbeiner beinahe lautlos zurück. „Hast du das nicht gehört?“

Als Phillip ahnungslos den Kopf schüttelt, fragt Willly Wombat weiter:

„Das eigenartige Kratzen?“

Phillip lauscht in die Höhle hinein, doch er hört nichts.

Auf einmal streckt das über und über behaarte Tier seine Schnauze weit in die Höhe und knurrt leise: „Gefahr! Wir müssen raus hier!“ Eilig trottet er auf Phillip zu und drängt sich dann aufgewühlt an ihm vorbei.

„Was ist denn los?“, hakt Phillip nochmals nach, „sind die Sarcophilus zurück?“, doch Willy Wombat ist in einen finsteren Spalt verschwunden und antwortet nicht mehr.

„Na toll“, schnauft Phillip verärgert und zuckt im selben Moment erschrocken zusammen.

Da! Ein Kratzen! Jetzt hat auch er es gehört! Sind die Beutelteufel wieder in der Nähe?

Flink lenkt er das Licht seiner Taschenlampe die Felswand entlang und stoppt dann abrupt an einer Stelle. Da bewegt sich etwas! Dort drüben, in Bodennähe, scheint sich irgendetwas in einer schmalen Felsnische zu verstecken.

Phillip nimmt seine Taschenlampe schnell in seine linke Hand, um mit der rechten das Taschenmesser besser halten zu können. Den Lichtstrahl nach wie vor auf dieselbe Stelle gerichtet, bewegt er sich vorsichtig darauf zu. Seine Augen fixieren aufmerksam die Nische, aus der das Kratzen immer deutlicher zu hören ist.

Und plötzlich erkennt er etwas, das ihm die Haare zu Berge stehen lässt.

„Um Gottes willen!“, gibt Phillip entsetzt von sich, während er rasch mit einem großen Sprung nahe an die schmale Felsspalte heranspringt und sich hastig auf die Knie fallen lässt.

Im Lichtschein seiner kleinen Taschenlampe sind die Finger einer rechten Hand erkennbar. Einer Bubenhand. Sie krümmen sich zusammen, kratzen am Felsen.

„Geht's dir gut?“, wispert Phillip besorgt und legt seine Hand behutsam auf die Finger, die da ein klein wenig aus der Spalte hervorragen. „Wie bist du da hineingekommen?“

Ben murmelt irgendetwas zurück, doch Phillip kann ihn nicht verstehen. Fieberhaft leuchtet er den Felsstein links und rechts von der vielleicht zehn Zentimeter breiten Fuge ab.

Er muss von oben hineingerutscht sein, saust es Phillip durch den Kopf. So wie es scheint, steckt sein Bruder kopfüber zwischen den Felsen fest. Hinter dieser schmalen Ritze. Wie soll er ihn da bloß herausholen?

„Warte!“, flüstert Phillip Ben zu, springt schnell auf und beginnt im nächsten Moment, am Felsen hinaufzuklettern. Das erweist sich jedoch als schwieriger, als er gedacht hat, denn immer wieder lösen sich kleine Steine aus der Felswand, sodass er beinahe abrutscht. Dennoch zieht er sich wacker hinauf. Zu der Stelle hin, an der Ben offenbar in diese Spalte hineingerutscht ist.

„Unmöglich“, gibt Phillip enttäuscht von sich, „nicht die geringste Chance, ihn da heraufziehen zu können“, und er hastet schnell wieder hinunter.

Verzweifelt wendet er sich in alle Richtungen, um irgendetwas zu erspähen, womit er Ben befreien könnte. Weiter hinter ihm liegt ein flacher Stein, der beinahe die Form einer kleinen Schaufel hat. Ohne zu zögern, holt Phillip den mittelgroßen Felsbrocken herüber, kniet sich vor der schmalen Felsspalte nieder und wispert Ben zu:

„Kannst du deine Hand etwas zurückziehen? Ich werde irgendwie versuchen, die Kluft hier zu vergrößern, und dich so herausholen.“

Bens Hand verschwindet in der dunklen Nische. Gleich darauf beginnt Phillip, mit dem flachen Findling gegen den Felsen zu schlagen. Zuerst links neben der Spalte, dann rechts davon. Immer und immer wieder. Mit all seiner Kraft haut er darauf ein.

Mehrere kleine Steinchen lösen sich, kullern zu Boden. Doch der Spalt wird dadurch kaum größer. Phillip hält aber nicht inne, sondern schaufelt die losgelösten Steine emsig zur Seite. Dabei entsteht eine flache Mulde im Boden.

Sand!, schießt es Phillip durch den Kopf und er rammt den flachen Stein noch eifriger in den Boden.

„Mach deine Augen zu!“, fordert der Zwölfjährige seinen jüngeren Bruder auf. Winzige Kiesel spritzen bei jedem Schlag in alle Richtungen, sodass auch er seine Augen zu schmalen Schlitzen verengt und seine Lippen fest zusammenpresst. Hunderte kleine Sandkörner schießen ihm bei jedem erneuten Hieb entgegen.

Beharrlich schiebt er immer wieder die aufgelockerte Bodenschicht zur Seite, doch es geht nur langsam voran.

Für einen kurzen Moment richtet sich Phillip auf, um zu verschnaufen. Abgekämpft wischt er sich die Schweißperlen von der Stirn.

Es ist heiß hier drinnen geworden. Und stickig. Phillip blickt bestürzt um sich: Vor allem riecht es plötzlich nach ...

„Warum bist du noch immer hier?“, hört er plötzlich eine Stimme hinter sich.

Phillip dreht sich schlagartig um. Es ist Willy Wombat.

„Du musst weg von hier!“, knurrt er Phillip aufgebracht an. „Das heiße Licht wird den Uluru in Kürze völlig umschließen!“

„Du musst mir helfen, meinen Bruder zu befreien!“, ruft Phillip Willy entsetzt zu. „Bitte! Bevor wir ersticken!“

„Wenn wir nicht sofort von hier verschwinden“, faucht Willy zurück, „sind wir verloren.“

„Ohne Ben geh’ ich bestimmt nicht weg von hier“, gibt Phillip entrüstet zurück und schmeißt sich sogleich wieder auf die Knie, um die Mulde im harten Sandboden noch weiter zu vergrößern.

„Wie du meinst, ich bleibe jedenfalls nicht hier“, brummt der Vierbeiner und verschwindet wieder.

Schnell, schneller, saust es durch Phillips Gedanken, während er weiterhin eisern versucht, den Sand aufzulockern und wegzuschaufeln.

Die Luft wird immer stickiger hier drinnen. Die Sicht wird immer schlechter. Die Rauchschwaden des Feuers, oder des heißen Lichtes, wie Willy Wombat es nannte, das sich offenbar um den Uluru herum ausgebreitet hat, werden dichter und erschweren dem Zwölfjährigen das Atmen.

Phillip merkt, dass er langsamer und immer langsamer wird. Seine Kräfte lassen mehr und mehr nach.

„Ben? Hörst du mich?“, hüstelt er in die Felsspalte hinein. „Geht es dir gut?“

Doch sein Bruder antwortet nicht.

Plötzlich schiebt jemand Phillip mit energischem Druck zur Seite, sodass der Bub unsanft auf seinem Po landet.

Willy Wombat ist doch noch einmal zurückgekommen.

Blitzschnell rammt er seine stämmigen Vorderbeine einige Male in den harten Sandboden und hebt die Mulde mit seinen großen, sichelförmig gekrümmten Krallen in Windeseile aus.

Im Handumdrehen ist die entstandene Bodensenke unter dem Felsspalt so breit und so tief, dass der üppige Wombat problemlos unter den Steinen durchkriechen kann. Dann ist er nicht mehr zu sehen.

Phillip hockt beinahe reglos daneben. Seinen Pullover hat er zum Schutz gegen den erstickenden Qualm bis über seine Nase hinaufgezogen. Er kann kaum noch atmen. Der schwere, graue Rauch brennt furchtbar in seinen Augen.

Völlig benommen beobachtet der Zwölfjährige noch, wie Willy Wombat mit ruckartigen Bewegungen wieder rückwärts aus der Mulde hervorrobbt. Dann verliert Phillip plötzlich sein Bewusstsein.

AUF DER FLUCHT

„Nein!“, möchte Ben entsetzt aufschreien, doch er bringt keinen Ton heraus.

Alles bebt um ihn herum. Die hohen Eiswände beginnen, gefährlich zu wackeln. Überall bilden sich tiefe Risse, die sich blitzschnell ausbreiten und die weiß glitzernden Wände zu teilen drohen.

Wie bin ich nur hierhergelangt?, versucht Ben zu verstehen. Warum bin ich plötzlich wieder im Eislabyrinth?

Angestrengt versucht er, sich zu erinnern, wo er sich zuletzt befand. Wie ist er ins weiße Land gekommen?

Auf einmal reißt der Boden unter ihm auseinander.

„Ay. Pass auf!“, ertönt eine Stimme. Von irgendwo weit her. Er dreht sich nach links und nach rechts, doch niemand ist zu sehen.

Da beginnt er, plötzlich zu rutschen. Sein Blick springt hilflos umher. Sein Herz rast. Wo soll er sich hier bloß festhalten?

„Ay. Pass auf!“

Ben reißt seine Augen auf. Unter ihm bebt es.

Er rutscht und rutscht. Doch er befindet sich nicht im Eislabyrinth. Das hat er offenbar nur geträumt.

Ben versucht, sich zu orientieren, während er mit seinen Armen umherfuchtelt, um irgendwo Halt zu finden. Da ertastet er etwas Weiches, und doch hat es Spitzen, die ihn an seinen Fingern stechen, als er sich daran festhält.

Es kommt ihm vor, als läge er wie ein großer Sack quer über dem Rücken eines Tieres, das zwei lange, äußerst kräftige Beine hat. Direkt neben seinem Kopf bewegen sich nämlich die beiden Gliedmaßen in raschem Laufschritt. In gleichmäßigem, äußerst hohem Tempo hasten sie dahin. Wahrscheinlich an die fünfzig Stundenkilometer schnell. Sie wühlen den dürren Steppenboden auf, sodass dichte, trockene Staubwolken entstehen.

Ben kann kaum etwas sehen.

Mit einem Schwung beugt er seinen Oberkörper in die Höhe, umklammert dann sogleich den langen, dünnen Hals des Tieres, auf dem er sich befindet, und bringt seine Beine schnell in den Reitersitz. So kann er sich auf dem runden, zottelig gefiederten Rücken des großen Laufvogels gut in Balance halten.

Ben sitzt auf einem riesigen Emu.

„Ay, mate! Gut gemacht! Ha ye goin'?", faucht jemand hinter ihm. Es klingt wie die Stimme, die vorhin „Ay. Pass auf!" rief.

Ben dreht sich neugierig um. Der Emu direkt hinter ihm nickt ihm freundlich zu. Phillip liegt quer über seinen Rücken. Reglos wie ein langes Paket. Seine Arme und Beine baumeln links und rechts vom struppigen, graubraunen Federkleid herunter und schlenkern bei jedem Schritt heftig hin und her. Auf Bens besorgten Blick hin gibt der Emu beruhigend von sich:

„Ay, mate! No worries. Er schläft nur."

Erleichtert lächelt Ben den großen Laufvogel an. Doch er bringt kein Wort heraus, denn der Anblick, der sich ihm in diesem Moment bietet, verschlägt ihm die Sprache. Sie befinden sich inmitten einer riesigen Schar von großen Laufvögeln. Es müssen Abertausende sein.

Alle auf demselben Weg. Dicht an dicht.

Alle im selben gleichmäßigen Laufschritt. Schnell wie der Wind flitzen sie dahin, fegen über den sandigen Steppenboden, um dem breiten Feuerstreifen, der ihnen auf den Fersen ist, zu entkommen.

In der Ferne kann Ben noch die Umrisse des Ulurus erkennen. Er steht inmitten eines breiten gelborangen Streifens, der sich weit in den dunklen Nachthimmel hinaufzieht und das weitläufige Grasland in ein helles Orangerot taucht. Mit lodernden Funken setzt der Feuerstreifen der gigantischen Laufvogelherde nach. Angetrieben von unruhigen Windböen, eilen die züngelnden Flammensäulen den Tieren hinterher.

„Was ist passiert?“, bringt Ben endlich ein paar Silben hervor. Dass Feuer ausgebrochen war, davon hat er ja nichts mehr mitbekommen.

Ich kann mich noch daran erinnern, grübelt er, dass wir in diese dunkle Nische im Uluru geflüchtet sind.

Durch seinen Sturz in die Felsspalte hat er offenbar für kurze Zeit das Bewusstsein verloren. Danach hörte er zwar zwischendurch Phillips Stimme, der unermüdlich versuchte, ihn zu befreien, daraufhin wurde er jedoch wieder ohnmächtig. Bestimmt durch den erdrückenden Rauch.

„Willy Wombat hat euch aus der Höhle gezogen“, antwortet der Emu, der Phillip auf seinem wirr gefiederten Rücken trägt.

„Willy Wombat?“, murmelt Ben verständnislos.

„Willy Wombat“, gibt Phillip plötzlich von sich. Er beginnt zu husten, während er sich, so wie Ben zuvor, in eine sitzende Position hochstemmt und sich schnell am Hals des Emus festklammert, „hat uns in Sicherheit gebracht. Wow! Das war echt in letzter Sekunde.“

„Ay, mate! Wir sind noch lange nicht in Sicherheit“, entgegnet der Laufvogel ernst, dreht seinen Kopf fast um einhundertachtzig Grad zu ihm zurück und starrt ihn mit weit aufgerissenen Augen an. „Wir alle sind auf der Flucht vor dem heißen Licht. Es scheint schneller zu werden. Wenn der Wind nicht bald dreht, werden die glühenden Funken des heißen Lichtes in Kürze über uns hereinprasseln."

Phillip blickt zurück und murmelt besorgt:

„Es scheint tatsächlich näherzukommen. Hoffentlich konnte auch Willy Wombat den Flammen rechtzeitig entfliehen."

„Ay, mate! No worries. Um den Vierbeiner mach dir mal keine Sorgen", gibt der Emu grölend zurück. „Willy Wombat ist ein gewiefter Bursche. A cool mate. Bestimmt hat er einen Unterschlupf gefunden. Außerdem hat er auch einen perfekten Speed drauf, wenn er läuft. Ärgern wird ihn allerdings, dass er wieder in die Richtung zurück muss, aus der er gekommen ist. Aber das müssen wir ja alle. Right, mate?"

„Wie bitte?", stößt Phillip schlagartig hervor. „Bewegen wir uns etwa auf die Sarcophilus zu?"

„Ay, mate! No worries. Diese Biester haben längst das Weite gesucht. Die stehen nicht besonders auf das heiße Licht", faucht der Emu und reißt seinen Schnabel dabei auf, als würde er laut loslachen wollen.

„Waren das diese schnaufenden Kreaturen, die uns bis zum Uluru hin verfolgten?“, fragt Ben nach und blickt seinen Bruder nachdenklich an.

Phillip nickt ihm zu und beginnt ihm in kurzen Worten zu schildern, was er von Willy Wombat gehört hat. Was er ihm über die Sarcophilus, erzählt hat, deren unheilbare Krankheit, die sie zu diesen bösen Wesen machte. Und auch darüber, dass die Sonne über dem südlichen Land schon bald nicht mehr aufgehen wird, da es näher und näher an das weiße Land herankommt.

Ben hört ihm aufmerksam zu, zieht seine Augenbrauen zusammen und gibt dabei nachdenklich von sich:

„Ich habe überhaupt keine Orientierung mehr. Sind wir denn überhaupt noch in die richtige Richtung unterwegs? Wir müssen doch Leonie und die Zwillinge finden, bevor wir *Antarktikos* erreichen.“

„Ich hab auch keine Ahnung, ob wir auf den Ort, an dem die vielen Schiffe ruhen, zusteuern. Der Uluru befindet sich zwar geradewegs hinter uns, aber das hat nichts zu bedeuten“, setzt Phillip zweifelnd fort.

„Holy dooley!“, zischt der Emu plötzlich dazwischen. „Ihr wollt nach Archipelagos?“

„Archipelagos?“, wiederholen die Brüder wie aus einem Mund.

„Ay, mates. Ihr habt doch den Ort, an dem die vielen Schiffe ruhen, genannt“, faucht der große Laufvogel weiter. „Das ist Archipelagos. Aber um dorthin zu gelangen, müsst ihr die gefährliche Wüste überqueren.“

„Von einer gefährlichen Wüste hat Thorny auch gesprochen“, murmelt Phillip vor sich hin und fragt dann leise weiter:

„Sind wir denn in Richtung Wüste unterwegs?“

„Richtung Wüste, ja. Im Moment versuchen wir aber erst mal, den Sandboden der Gibsonwüste zu erreichen“, kreischt der Emu heiser, „Dort sind wir vor dem heißen Licht in Sicherheit.

Sobald dann aber die Felsnadeln zu sehen sind, werden wir den Kurs ändern. Wenn ihr nach Archipelagos wollt, müsst ihr die Richtung beibehalten und die gefährliche Wüste durchqueren. Doch uns bringt da keiner hinein. Ich will auch gar nicht wissen, was mit denen geschehen ist, die sie gefangen genommen hat.“

Dabei beginnt der Emu, aufgeregt zu hecheln, und schüttelt zudem heftig seinen Kopf.

Phillip und Ben sehen einander rätselnd an. Was hat es denn mit dieser gefährlichen Wüste auf sich?

„Das Licht wird uns beschützen“, spricht Phillip Ben Mut zu und lächelt ihn an.

Ben nickt verhalten zurück.

Im Moment erscheint es ihm eher so, als könnte das Licht gar niemanden mehr beschützen. Obwohl doch die augenblickliche Situation keineswegs ungefährlich erscheint. Der Feuerstreifen hinter ihnen kommt tatsächlich näher und näher.

Jeder hier ist auf der Flucht. Vor dem heißen Licht. Vor seinen züngelnden Flammensäulen und den glühenden Funken, die es weit in den Himmel hinaufsprühen lässt.

Die riesige Emuherde wird schneller und immer schneller und legt in rasantem Laufschritt Kilometer um Kilometer zurück.

Sie durchqueren ein Grasland nach dem anderen, düsen über unendlich wirkendes Steppengebiet. Mit einem einzigen Ziel vor Augen: den Sandboden der Gibsonwüste zu erreichen.

Wird ihnen dies gelingen?

CHARLES UND RYAN

Die Dunkelheit weicht schnell den ersten Strahlen der Morgensonne. Bei jedem einzelnen Schritt scheint der orange Sand heller und lichter zu werden. Bei jedem einzelnen Schritt werden die Emus langsamer und ziehen immer ruhiger dahin.

Sie haben es geschafft. Sie haben das heiße Licht hinter sich gelassen. Die lodernden Flammen können ihnen nichts mehr anhaben. Denn sie sind in der Gibsonwüste angelangt. In Sicherheit.

Wie eine hohe undurchdringliche Wand ist der Feuerstreifen am Rande der Sandwüste hinter ihnen stehengeblieben. Hier gab es nichts mehr, womit er sich speisen konnte. Stetig verloren die Flammensäulen an Höhe, bis sie schließlich erloschen.

„Ay, mates", zischt der Laufvogel, auf dessen wild fedrigem Rücken Phillip reitet, nach einer Weile den beiden Buben entgegen, „wir sind gleich da."

Phillip und Ben richten sich noch höher auf und blicken verwundert um sich:

„Wo? Gleich da?"

Rundum sind nur sichelförmige Dünen zu sehen. Sand. Nichts als helloranger Sand.

„Da oben ändern wir unseren Kurs“, knurrt der Emu vor sich hin und weist mit seinem spitzen Schnabel auf die etwas höhere Düne hin, die links vor ihnen liegt. „Dort müsst ihr abspringen, bevor wir weiterziehen. Von da an seid ihr auf euch allein gestellt. Keiner wird euch in der gefährlichen Wüste zu Hilfe kommen können.“

Wenige Minuten später erklingt ein sonderbares Geräusch rund um die beiden Buben. Sie sind oben auf der hohen Sanddüne angelangt. Jeder Einzelne der riesigen Laufvogelherde streckt seinen Hals weit nach vorne aus, und alle zusammen geben einen bedrohlichen Knurrlaut von sich. Tausende Kehlen vereint zu einem gar merkwürdigen Chor. Dabei bleiben sie alle zugleich stehen und drehen sich dann wie auf Kommando nach links um.

Phillip und Ben springen hastig ab und hüpfen schnell zur Seite, um von den langen, kräftigen Beinen nicht erwischt zu werden, denn schon im nächsten Augenblick setzen die großen Laufvögel ihren Weg fort. Im Gleichschritt auf geändertem Kurs. Denn in der Richtung, in die sie bisher unterwegs waren, ist nicht weit entfernt eine höchst bizarre Landschaftsform zu erkennen.

Phillip und Ben stehen wir angewurzelt da.
So etwas haben sie noch nie gesehen.

Aus dem orangen Sand erheben sich merkwürdige, nach oben hin spitz zulaufende Formationen. Sie leuchten in fantastischen Gelborangetönen. Sie funkeln und flimmern, so als würden sie die kräftigen Strahlen der aufgehenden Sonne in sich aufnehmen und dadurch lebendig werden wollen.

Die Brüder sehen einander an. Diese Formen müssen die Felsnadeln sein, von denen der Emu vorhin sprach. Dicht vor ihnen fängt also schon die gefährliche Wüste an.

Näher, als sie erwartet hatten.

Nun sind die beiden auf sich allein gestellt. Die immense Schar der großen Laufvögel ist in der Ferne nur noch als flacher Streifen auszumachen.

Entschlossen rutschen die beiden Buben den Dünenhang hinunter und steuern auf die eigenartigen Skulpturen vor ihnen zu.

„Irgendetwas passiert mit mir", flüstert Ben Phillip zu. „Meine Beine fühlen sich plötzlich wie Blei an."

Phillip sieht besorgt zu seinem Bruder hinüber:

„Du bist kalkweiß im Gesicht. Ist dir auch schlecht? Sollen wir für einen Moment rasten?"

„Nein", entgegnet Ben hastig, „wir müssen da so schnell wie möglich durch."

Sie haben die sonderbaren Gebilde erreicht. Links und rechts von ihnen ragen die Felsnadeln in einem beinahe regelmäßigen Raster mit einem Abstand von ungefähr vier Metern spitz empor. Jede für sich ist eine außergewöhnliche Skulptur aus gelborangem Stein.

Dennoch wirken sie so, als könnten sie jeden Moment lebendig werden.

Denn auf unheimliche Weise scheinen sich ihre kunstvollen Ausformungen und Einbuchtungen zu bewegen, während die Schatten, die die kräftigen Strahlen der immer höher steigenden Morgensonne auf sie werfen, an ihnen hinunterklettern. Außerdem lässt ihre Höhe von über drei Metern sie beängstigend und bedrohlich wirken.

Bens Schritte werden immer langsamer. Es ist, als würden diese Gebilde ihm die Kraft entziehen, voranzukommen.

Plötzlich sackt er zusammen.

Um ihn herum wird es kalt. Eiskalt. Die Felsnadeln verwandeln sich zu frostigen Schneeskulpturen und beginnen, sich zu bewegen. Sie wachsen zusammen, werden zu meterhohen, spiegelnden Eiswänden und lassen Gänge entstehen. Endlose Irrgänge.

Der orange Sand unter Bens Füßen hat sich zu einer spiegelglatten Eisfläche verwandelt.
Ben krümmt sich mehr und mehr zusammen.

Er verspürt keine Kraft mehr in sich, um aufzustehen und weiterzugehen.

Wo ist Phillip plötzlich hin? Völlig geschwächt dreht er seinen Kopf nach allen Seiten. Doch er sieht nur sein eigenes Spiegelbild, das ihm von den glatten Eiswänden entgegenblickt.

Sein Gesicht erscheint vollkommen weiß und unter seinen Augen treten dunkle Ränder hervor. Auf einmal beginnen seine Haare zu erblassen. Als würde er in Sekunden altern.

Was geschieht mit ihm? Er kann sich kaum noch bewegen, so als würde er erstarren. Als würde er einfrieren. Und im selben Moment verliert sein gesamter Körper an Farbe. Alles wird weiß. Schneeweiß. Sein Hände, seine Arme und alles, was er an sich trägt. Bis hin zu seinen Schuhen.

Phillip bekommt davon nichts mit.

Er kann Ben nicht mehr sehen, denn die Felsnadeln haben sich in dunkle Nebelschwaden verwandelt und sich im Nu zu einer dichten, tiefschwarzen Wolke zusammengeballt, die Phillip in sich eingeschlossen hat.

Phillip kann sich weder vor noch zurück bewegen. Als würde der schwarze Nebel seine Beine lahmlegen. Er kann seine Arme nicht hochheben, so als wären die Rauchschwaden dicke Fesseln, die sich um seinen gesamten Körper winden.

Was ist mit Ben geschehen? Er muss ihn finden, er muss ihn beschützen! Als er seinen Namen ausrufen möchte, erstickt seine Stimme sofort im dichten Nebel.

Die schwarze Wolke beraubt ihn vollkommen seiner Sinne. Als würde er erblinden und verstummen. Als wäre er gelähmt.

Als würde er seinen Verstand verlieren. Denn er kann Ben nicht helfen. Er hat keine Möglichkeit, seinen Bruder zu stützen, für ihn da zu sein.

Ein furchtbares Gefühl überkommt ihn: dass er Ben im Stich gelassen hat. Es erdrückt ihn. Es lässt in zusammenbrechen.

Plötzlich trifft ihn ein wuchtiger Schlag. Irgendetwas reißt ihn in die Höhe. Für einen Moment hat er das Gefühl, als würde er schweben. Dann stürzt er wieder ab und wird erneut hochgerissen. Phillip versucht, sich mit Händen und Füßen zu wehren, doch er fühlt sich nach wie vor ausgeliefert.

Ben, Ben!, schießt es durch seinen Kopf, doch er kann noch immer nicht sprechen.

„Holy dooley!", brüllt jemand über ihm. „Mach die Augen auf!"

Und wieder befindet sich Phillip für einen kurzen Augenblick in der Luft, dreht sich und fällt, um aufgefangen und von Neuem hochgeworfen zu werden.

Langsam erkennt er die Umrisse einer wuchtigen Gestalt. Wie einen Sandsack wirft sie Phillip in hohem Bogen voraus, springt selbst mit einem Riesensatz hinterher und fängt ihn mit ihren äußerst muskulösen Hinterbeinen wieder auf, während sie sich auf ihrem kräftigen, langen Schwanz abstützt.

Verdattert starrt Phillip den Vierbeiner mit großen Augen an.

„Na endlich! Good on ya!“, johlt das Rote Riesenkänguru begeistert, während es bereits zum nächsten Sprung ansetzt. „Are ya ready?“

Bereit? Wofür?

Phillip hat gar keine Möglichkeit, danach zu fragen, denn schon wird er in die Luft katapultiert und landet Sekunden später auf dem Rücken des Vierbeiners.

Gefasst umklammert Phillip den Hals des großen Kängurus. Das ist allerdings gar nicht so einfach, weil er bei jedem erneuten Sprung mit großer Wucht in die Höhe geschleudert wird. Da greift der Zwölfjährige mit seiner linken Hand schnell nach der Kapuze, die an seiner Jacke lediglich mit Druckknöpfen befestigt ist, reißt diese herunter und legt sie wie einen Gürtel um den Hals des Kängurus.

Im selben Moment huscht jemand an ihnen vorbei.

Es ist ein zweites Känguru. Und es ist nur wenige Zentimeter kleiner. Überschwänglich springt es an ihnen vorüber. Mit Ben auf seinem Rücken. Abgesehen von der Größe gleichen die beiden Roten Riesenkängurus sich wie ein Ei dem anderen.

„Ay, Ryan!", brüllt da das eine große Beuteltier, auf dem Phillip sitzt, das andere an: „Was soll das?"

„Ay, der Bessere gewinnt, Charles", gibt der andere, etwas kleinere Vierbeiner herausfordernd zurück, zieht seine Schnauze in die Höhe, zeigt seine kräftigen Vorderzähne und öffnet dabei sein Maul, als würde er lachend seine Zunge herausstrecken.

Auch Ben grinst Phillip an, als sie an ihm vorbeispringen. Er hatte dieselbe Idee wie Phillip und hat dem Vierbeiner ebenso die abgetrennte Kapuze seiner Jacke wie ein Halsband umgebunden. Denn auch er versuchte, irgendwie Halt zu finden, nachdem er von dem Roten Riesenkänguru in die Höhe geschleudert wurde. Einige Male beförderte es den Zehnjährigen gekonnt in die Luft. Immer wieder. So lange, bis er endlich wieder aus dem furchtbaren Traumzustand, in dem er gefangen war, aufwachte.

„Ay, mate!", ruft Charles, das größere Känguru, lausbübisch aus. „Der Bessere? Ich werde dir zeigen, wer der Bessere ist!“, und er setzt erneut zu einem Sprung an. Zu einem unvorstellbar riesigen Satz. Neun Meter weit durch die Luft!

Doch Ryans Sprung steht ihm um nichts nach. Kämpferisch bewegt er sich mit enormer Geschwindigkeit an seinem Artgenossen vorbei. Abwechselnd überholen sie einander.

Die Felsnadeln stellen für sie dabei überhaupt kein Hindernis dar. In halsbrecherischem Tempo hopsen die Riesenkängurus an den Steingebilden vorbei oder springen sogar über sie hinweg. Johlend. Kichernd. Lausbübisch.

„Ist das cool!“, ruft Ben begeistert aus. „Ihr habt ja ein Höllentempo drauf! So schaffen wir es ja in Nullkommanichts durch diese merkwürdige Wüste hindurch!“

„Eine andere Möglichkeit …“, beginnt Charles und springt voraus.

„… gibt es auch gar nicht“, beendet Ryan seinen Satz, während er Charles überholt.

„Erzählt uns jetzt nicht …“, eilt nun Charles wieder voran.

„… dass ihr einfach so durchspazieren wolltet“, schließt Ryan an und hüpft erneut an Charles vorbei, hält kurz inne und setzt dann fort:

„Das kann nicht sein, dass ihr das gewagt habt.“

„Nein, das kann nicht sein!“, wiederholt das größere Känguru gleich und blickt seinen Artgenossen ungläubig an, während es an ihm vorbeihuscht. „Wer spaziert schon einfach nur so durch die gefährliche Wüste?“

„Nun, so wie ihr mit Riesensätzen durchzuspringen fällt uns etwas schwer“, kontert Phillip lächelnd.

„Aber laufen ...?“, fragt Ryan mit spitzem Ton nach.

„... könnt ihr doch?“, schließt Charles an. Ebenfalls mit höhnischem Unterton.

„Dass wir rennen sollen“, entgegnet Ben jetzt, „hat uns niemand gesagt. Keiner wusste, wie man hier durchkommen kann. Nicht einer wagte sich in die Nähe der Felsnadeln. “

„Tja, keiner ist ...“, lacht Charles laut auf.

„... so mutig wie wir!“, beendet Ryan schnalzend.

„Ja, ihr beide liebt bestimmt Herausforderungen“, schmunzelt Phillip, „das kann ich mir bei euch gut vorstellen.“

„Ay, mate. Es ist immer ein besonderer Kick ...“, bestätigt Charles sofort.

„... diese gehässigen Kreaturen auszutricksen“, krächzt Ryan weiter.

Mit ‚gehässigen Kreaturen‘, denkt Phillip im Stillen, meint das Känguru offenbar die Felsnadeln. Sind diese sonderbaren Gebilde, die sich vorhin in schwarze Nebelschwaden verwandelten, ihn umschlossen und lähmten, doch nicht so steinern und starr, wie sie augenblicklich wirken? Sondern tatsächlich lebendig?

„Du sprichst von diesen Steinen hier“, murmelt Ben plötzlich zweifelnd vor sich hin und zieht dabei skeptisch seine Augenbrauen zusammen, „als hätten sie Leben in sich.“

„Diese Steine ...“, hechelt Charles.

„... sind gar keine richtigen Steine“, ergänzt Ryan sofort, „sondern Pinnacles.“

„Und was sind Pinnacles?“, fragt Phillip sofort nach.

Sein Blick huscht von einer Skulptur zur nächsten, während Charles und Ryan in haushohen Sprüngen ohne Rast und Ruh an ihnen vorbeieilen. Beim Anblick dieser merkwürdigen Formationen fährt dem Zwölfjährigen ein kalter Schauer über den Rücken.

„Außen ...“, beginnt Ryan nun.

„... bestehen sie aus den Körpern Millionen Jahre alter Lebewesen“, führt Charles zu Ende. „Ihre Knochen haben sich über diese lange Zeit zu harten Schalen entwickelt. Doch hinter diesen steinern wirkenden Hüllen ...“

„... wohnen die gemeinen Wesen der gefährlichen Wüste“, fährt Ryan mit versucht ernster Stimme fort, schreit dann aber auf einmal lauthals:

„Ay, Charles! Lust auf ‚clip-clap‘?“

Und schon im nächsten Augenblick biegt Ryan unerwartet nach links ab. Zentimeternah an einer der regelmäßig angeordneten Felsnadeln vorbei.

„Klar!“, gibt da auch Charles begeistert von sich und springt im selben Moment jäh nach rechts weg. Ebenfalls haarscharf an einer der spitzen Pinnacles vorbei.

„Seid ihr verrückt geworden?“, brüllt Phillip, als die beiden Riesenkängurus jetzt in rasantem Schwung aufeinander zusteuern. Ganz offenbar sind sie schon wieder am Kräftemessen.

Wer von den beiden wird im letzten Moment ausweichen, um einen Zusammenstoß zu vermeiden? Wer wird nachgeben?

Charles kommt als Erster auf dem orangen Sandboden auf. Ryan schlägt im allerletzten Augenblick einen scharfen Haken, um nicht mit seinem Artgenossen zusammenzuknallen.

„Gewonnen!“, ruft Charles hocherfreut aus.

„Auf ein Neues!“, setzt Ryan dagegen.

Auf Phillips und Bens ernste Zurufe, diesen Machtspielchen ein Ende zu setzen, hören die beiden Kängurus nicht. Sie bewegen sich ausgelassen im Zickzack zwischen den gelborangen Formen hindurch.

Freudig grölend. Völlig ausgelassen.

Die beiden Vierbeiner scheinen die gemeinen Wesen, die sich hinter den harten Schalen der Felsnadeln verbergen, keineswegs ernst zu nehmen oder gar zu fürchten.

Nach gar nicht allzu langer Zeit haben sie das Ende der gefährlichen Wüste erreicht. Mit einem Riesensatz springt Ryan an den letzten Pinnacles, die die Wüste in einer geraden Linie säumen, vorbei und prahlt überschwänglich:

„Gewonnen!"

Unweit vor ihnen ist das Meer zu sehen. Der orange Sand geht hier entlang der Küstenlinie zum dunkelblauen Ozean hin schlagartig in ein bestechendes Weiß über.

Nach einigen Metern bleiben die Kängurus stehen und lassen Phillip und Ben von ihren Rücken herunterkraxeln.

Die Buben stapfen ein, zwei Schritte durch den schneeweißen Sand und blicken mit großen Augen aufs Meer hinaus. Gar nicht weit von der Küste entfernt erheben sich viele kleine Inseln aus dem Meer. Auch sie haben offenbar, so wie das Festland hier, herrlich weiße Sandstrände, die durch die starke Morgensonne hell gleißen.

Rund um die Inseln aber, wo die strahlend weißen Strände im Meer verschwinden, schimmern knapp unter der Wasseroberfläche bunte, fächerartige Gebilde. Zwischen den hohen, weiß schäumenden Wellen glitzern umwerfend schöne Gelb- und Orangetöne.

„Der Ort ...", flüstert Charles geheimnisvoll.

„... an dem die vielen Schiffe ruhen", fügt Ryan hinzu, „das wird toll!"

„Ay, Geduld, mate!", erwidert Charles. „Wir werden noch ein Weilchen warten müssen, bis Archipelagos wieder ans Festland andockt."

Archipelagos, wiederholt Ben in Gedanken, wir haben es fast geschafft! Hoffentlich geht es Leonie und den Zwillingen gut!

Auch Phillip steht eine Zeit lang gedankenversunken da. Diese fächerartigen Gebilde, die sich dort vor den Inseln unter der Wasseroberfläche ausbreiten, sehen ein bisschen wie die Formen der Felsnadeln aus. Seine Gedanken schweifen blitzschnell wieder zu den Pinnacles. Was genau ist da mit ihm passiert? Warum konnte er sich nicht mehr bewegen? Nachdenklich wendet er sich den Kängurus noch einmal zu und fragt:

„Sagt, eines würde ich noch gerne wissen: Was ist mit denen geschehen, die versuchten, die gefährliche Wüste zu durchqueren, und dabei von den gemeinen Wesen gefangen wurden? Was haben die Pinnacles mit ihnen angestellt?“

„Sie waren zu langsam ...“, fängt Charles an und Ryan ergänzt:

„... um ihren eigenen Ängsten zu entkommen.“

Auf Phillips und Bens fragende Blicke hin fährt Charles erklärend fort:

„Die Pinnacles kommunizieren untereinander mit unwahrnehmbaren Strahlen. In dieser Anordnung, in der sie zueinanderstehen, ergeben sie ein riesiges, unsichtbares Netz.“

„Wie ein unüberschaubares Spinnennetz mit verborgenen Fäden“, wirft Ryan dazwischen.

„Sobald sich ihnen jemand nähert“, spricht Charles weiter, „beginnen sie ihn mit ihren Strahlen zu durchleuchten. Sie sehen in sein Herz, sie erkennen seine Stärken und nehmen auch seine Schwächen wahr.“

„Und sie holen das Beste für sich heraus. Kraft, Wärme, Mut, Herz, Verstand“, zählt Ryan auf, „einfach alles, was gut an ihm ist.“

„Die Schwächen aber lassen sie in ihm", erklärt Charles weiter, „und damit treten seine größten, verborgenen Ängste hervor."

Charles hält kurz inne und atmet dann langsam durch seine spitze Schnauze aus, während er leise von sich gibt:

„Viele brechen auf der Stelle zusammen, andere werden wahnsinnig und versuchen, vor sich selbst davonzurennen. Jedenfalls hält der orange Sand viel unter sich verborgen ..."

„... doch wenn man schnell genug ist", schließt Ryan schnell an, „können einen die Strahlen nicht erwischen."

Phillip und Ben sehen einander entsetzt an. Das also wäre mit ihnen geschehen, wenn Charles und Ryan nicht rechtzeitig da gewesen wären? Sie wären da einfach so liegengeblieben? Und der Sand hätte sie zugedeckt?

„Danke", stammeln sie plötzlich wie aus einem Mund bestürzt hervor, während die furchtbaren Bilder, die sie vorhin sahen, schlagartig wieder vor ihnen aufblitzen.

„Keine Ursache", schnalzt Charles freundlich zurück. „War uns ein Abenteuer."

„Auf ein Neues?", gibt Ryan keck von sich und rempelt Charles dabei herausfordernd an.

Und schon im nächsten Augenblick drehen sich die beiden Roten Riesenkängurus um und springen mit einem mächtigen Satz wieder auf die gefährliche Wüste zu. Schnurstracks in Richtung der Pinnacles, um die gemeinen Wesen auf ein Neues auszutricksen.

Kurz bevor sie aber hinter den spitzen Felsnadeln verschwinden, blicken sie noch einmal zu Phillip und Ben zurück und rufen ihnen fröhlich zu:

„Hooroo mates, see ya!"

„Also dann", holt Ben tief Luft und dreht sich seinem Bruder zu, „lass uns keine Zeit verlieren."

„Auf nach Archipelagos", nickt Phillip.

Schnellen Schrittes stapfen die Brüder durch den weißen Sand. Meter um Meter über den breiten Strand. Direkt auf die hohen, weiß schäumenden Wellen zu.

Wortlos gehen sie nebeneinander her. Die Bilder von vorhin lassen sie nicht mehr los.

Warum hat Ben sich selbst so gesehen? Er wurde ja völlig weiß. Ist es wirklich nur eine verborgene Angst in ihm oder gibt es in ihm vielleicht etwas, das noch immer unter Albinus' Einfluss steht?

Warum hat Raj Ravins Licht sie nicht beschützt?

Phillip hatte das furchtbare Gefühl, Ben nicht helfen zu können. Es kommt ihm immer noch so vor, als würden die schwarzen Nebelschwaden plötzlich aus dem Nichts auftauchen. Und ihn blitzschnell erfassen. Ihn fesseln. Erdrücken.

Nachdenklich und stumm schreiten sie dahin. Näher und näher ans Wasser heran.

„Halt!“, ertönt es plötzlich hinter ihnen.

Dieses Halt durchfährt beide Buben mit einem Mal, reißt sie jäh aus ihren stillen Gedanken und lässt sie auf der Stelle stehenbleiben.

Ruckartig drehen sie sich um.

GEFÄHRLICHE KRISTALLE

Leonie breitet ihre Arme aus und läuft freudig auf Phillip und Ben zu. Endlich sind sie alle wieder vereint! Doch während sie ihnen näherkommt, wird ihr plötzlich schwindlig. Alles um sie herum fängt an, sich zu drehen.

Das Mädchen kann kaum noch etwas erkennen. Phillip und Ben scheinen vor ihren Augen zu verschwimmen. Als würden sie sich plötzlich auflösen.

„Leonie!“, hört sie sie noch rufen, während sie niederfällt.

„Leonie!“, ertönt es erneut.

Leonie reißt ihre Augen auf. Verwirrt blickt sie um sich. Sie befindet sich nach wie vor in der magischen Hülle. Gemeinsam mit Flava und Viride.

Rundum glitzert das Wasser wie Tausende Kristalle, derweil die Morgensonne ihre kräftigen Strahlen tief ins Meer eintaucht. Lebhaft schwingen Abermillionen funkelnder Wassertropfen auf und nieder. heftige Wellen breiten sich links und rechts der riesigen Luftblase aus und lassen sie unbändig hin- und herpendeln.

Manta Ray versucht so gut er kann, die magische Hülle trotz der lebhaften Strömungen ruhig zu halten, dennoch bekommen die Mädchen die enormen Kräfte der gewaltigen Wassermassen zu spüren und werden nach links und dann wieder nach rechts geworfen.

„Ich dachte schon, du wachst gar nicht mehr auf", gluckert Freddie und schaut Leonie mit seinen großen Glubschaugen entgegen, als sie sich zu ihm umdreht.

„Hast du meinen Namen gerufen?", fragt Leonie noch immer etwas verwirrt.

„Natürlich", blubbert Freddie vergnügt. „Sonst spricht hier ja keiner. Meine Kameraden haben sich eiligst zurückgezogen, als das Wasser so wild zu tanzen begann. In Manta Rays Rachen fühlen sie sich sicherer."

Dann blickt der kleine Putzerlippfisch mit eigenartigem Blick zu Viride hinüber und flüstert beinahe tonlos weiter:

„Ich hab' aber die ganze Zeit auf dich aufgepasst."

„Danke", lächelt Leonie ihn an, „das ist lieb von dir. Aber ich glaube nicht, dass mir irgendetwas zustoßen könnte, solange wir uns in Manta Rays magischer Blase befinden und er uns durchs Meer zieht. Ich fühl mich echt sicher bei ihm."

„Ich habe dieses Mädchen aus *Silva* gemeint", spricht Freddie ganz leise weiter, hält dann inne und setzt erst nach einer Weile langsam fort:

„Irgendetwas stimmt mit ihr nicht. Ich mag sie nicht. Sie hat dich immer wieder auf ganz eigenartige Weise angestarrt. Ihre Augen sind seltsam."

„Sie hat ihre Stimme verloren", antwortet Leonie ihm still, „genau wie ihre Zwillingsschwester. Weißt du, die beiden haben Schlimmes erlebt."

„Behalte dennoch stets im Auge, was sie tut", gibt der kleine Putzerlippfisch warnend zurück. „Ich traue ihr nicht."

Im selben Moment erfasst eine kräftige Welle die Luftblase und entreißt sie plötzlich dem Riesenmanta. Manta Ray setzt ihr sofort nach und versucht, sie mit seinen gewaltigen Flossen zu erhaschen, sie festzuhalten.

Doch vergeblich.

Manta Ray hat kaum noch Kraft in sich. Er ist nicht schnell genug. Leonie, Flava und Viride gleiten ihm unaufhaltsam davon.

Mit einer Wahnsinnsgeschwindigkeit wird die magische Hülle von der starken Welle durch das Wasser gespült. Hunderte Meter weit voran. Weit weg von Manta Ray. Tief und immer tiefer hinunter in Richtung Meeresgrund.

Leonie, Flava und Viride werden mit unermesslicher Wucht hin- und hergeschleudert und abwechselnd hinauf- und wieder hinuntergeworfen.

„Oh, nein!“, blubbert Freddie voller Entsetzen vor sich hin und starrt mit seinen großen Glubschaugen erschrocken an der Luftblase vorbei. Er hält sich nach wie vor an der Außenseite der Hülle fest.

Leonie versucht, seinem Blick zu folgen. Doch die große Blase beginnt, sich unruhig zu drehen und lässt die Kinder einen Purzelbaum nach dem anderen schlagen.

Nur ganz vage kann Leonie, während sie umhergewirbelt wird, hell leuchtende Gebilde wahrnehmen, die überdimensionalen Seesternen ähneln. Sie haben meterlange Arme, die sich im Wasser bedrohlich auf und ab bewegen.

Die riesige Luftblase rollt gefährlich nahe an ihnen vorbei. Haarscharf gleitet sie zwischen den schlenkernden Armen hindurch.

Dann wird sie plötzlich langsamer. Und ruhiger. Leonie und die beiden Schwestern strecken ihre Arme nach beiden Seiten aus, um die Balance zu finden. Sie versuchen, Ruhe zu bewahren, obwohl ihnen speiübel ist. Ihre Gesichter sind kreidebleich. Angespannt blicken sie um sich. Die Welle, die sie erfasst hatte, hat sich verzogen.

Die Hülle selbst dreht sich jetzt nicht mehr, das Wasser hat sich vollkommen beruhigt. Dennoch bewegt sie sich in gleichmäßigem Tempo weiter voran. Als würde sie von einem unsichtbaren Magnet angezogen. Nahe an den ungewöhnlichen Unterwasserformationen vorbei, deren lange Arme nun völlig stillstehen.

Es sind bizarre Gebilde, die, wie es scheint, hauptsächlich aus hell glitzernden gelborangen Kristallen bestehen. Zwischen unzähligen großen und kleinen Muscheln und Krebsen, die in den unterschiedlichsten Rottönen schimmern, blitzen sie mit atemberaubender Schönheit hervor. Dazwischen tauchen vereinzelt immer wieder prächtig blühende Meerespflanzen und herrlich leuchtende, spitze Gräser auf.

Unglaublich schön, denkt Leonie bei sich. Aber auch unglaublich gefährlich.

Da beginnt ihr Herz auf einmal heftiger zu schlagen. Denn ihre Gedanken schweifen zu Manta Ray. Er hat es zwar geschafft, sie nahe an Archipelagos heranzubringen. Doch er selbst ist verschwunden.

Weit und breit ist von ihm nichts mehr zu sehen.

„Leonie“, wispert Freddie nervös, „es liegt an dir, Menschenkind. Du musst uns durch die Riffe bring...“, dann stoppt er mit einem Mal.

Leonies Herz fängt noch wilder zu rasen an.

Ja, stimmt! Aber was soll sie jetzt tun? Wie soll sie sie alle da bloß durchmanövrieren?

„Sie sind so wunderwunderschön", beginnt Freddie überraschend zu murmeln. Sein Blick wirkt auf einmal völlig benommen. Mit glasigen Augen fixiert er die leuchtenden Kristalle.

Auch Flava und Viride lenken ihre Blicke plötzlich bewegungslos auf die leuchtenden Kristalle. Der Ausdruck in ihren Augen wirkt gespenstisch starr.

Sie strecken beide ihre Arme in Richtung der glitzernden Steinchen aus, als versuchten sie, sie zu berühren.

Da beginnt die magische Blase wieder, unruhig hin und her zu schwanken. Mehr und mehr an das Riff heran.

Leonies Blick saust zwischen dem kleinen Fisch, Flava, Viride und den herrlichen Korallengebilden hin und her.

Das muss er sein! Der Zauber des magischen Steins! Die Kristalle ziehen sie in ihren Bann! Wenn sie sie berühren, ist es um sie geschehen.

„Freddie", fordert Leonie hastig den kleinen Putzerlippfisch auf, „sieh mich an! Freddie!", und wendet sich dann gleich den Zwillingen zu:

„Flava! Viride! Nicht!"

Zu spät.

Die Lufthülle gerät gefährlich nahe an die Korallen heran.

Leonie reißt schockiert ihre Augen auf, als sie erkennt, wie sich ein paar hervorstehende Stacheln durch die Hülle bohren. Es kommt ihr so vor, als würden die spitzen Formen die schützende Haut der Luftblase in Zeitlupe durchdringen. Und obwohl alles scheinbar wie im Zeitlupentempo geschieht, hat Leonie das Gefühl, dennoch nicht schnell genug reagieren zu können. Denn auch ihre Bewegungen erscheinen ihr so, als würde sie sich selbst in Zeitlupenaufnahme sehen:

Anstatt blitzschnell zu den Mädchen hinspringen zu können, gleichen ihre Bewegungen eher einem langsamen Schweben. Bis sie schließlich die Arme der Zwillinge ergreifen kann und die beiden dazu bringt, sich ihr zuzuwenden, scheinen Minuten zu vergehen. Endlose Minuten.

Ihr Blick gleitet abwechselnd zwischen Flava und Viride hin und her, während sie ihnen klarzumachen versucht, dass sie noch einmal tief Luft holen und ihre Augen schließen sollen.

Jede einzelne Bewegung geschieht im Schneckentempo. Unendlich langsam und träge. Jede von ihnen atmet so tief ein, wie sie kann.

Flava und Viride schließen ihre Augen. Zum Glück haben sie verstanden, was Leonie von ihnen will.

Dann geschieht alles sekundenschnell: Die drei werden schlagartig von einem kräftigen Wasserschwall erfasst, der sie von den gefährlichen Korallen mit unfassbarer Wucht wegdrückt. Wie eine Seifenblase ist die schützende Hülle an den spitzen Korallen zerplatzt.

Die Mädchen pressen ihre Lippen zusammen.

Das Salzwasser brennt in Leonies Augen, dennoch versucht sie unentwegt, Freddie ausfindig zu machen. Er muss doch irgendwo sein! Doch sie kann ihn nirgends mehr sehen.

Im nächsten Moment werden die Mädchen von einem starken Sog durch eine Öffnung zwischen die fantastischen Kristallgebilde gezogen.

Angsterfüllt blickt Leonie um sich. Viel Zeit haben sie nicht, bis sie gezwungen sind, nach Luft zu schnappen. Höchstens eine halbe Minute.

Doch die Strömung reißt sie tiefer und tiefer in den höhlenhaften Gang hinein, der sich in unendlich viele weitere Röhren fortzusetzen scheint: Leonie, Flava und Viride befinden sich in Arausios Irrgängen.

Immer schneller und schneller dirigiert sie der gewaltige Wasserlauf von einem funkelnden Korridor in den nächsten. Wie in einem riesigen Wasserstrudel werden die Mädchen sekundenschnell durch hohe, breite und kleine, schmale Gänge hindurchgeschleust.

In den größeren Röhren kann Leonie riesige Teile von Schiffswracks, Bootskabinen und abgebrochenen Segelmasten erkennen. Zu allen Seiten hin verstreut liegen sie verlassen da. Als wären sie vor mehr als hundert Jahren durch einen gewaltigen Orkan zerbrochen. Gekentert.

Versunken. Hie und da sind auch kleinere kaputte Boote zu sehen. Sie hängen aufgeschlitzt und größtenteils zerbrochen an den auskragenden spitzen Korallenarmen.

Es ist ein trostloser Anblick. Wie ein vergessener Friedhof. Eine geisterhafte Begräbnisstätte auf dem Meeresgrund. Es ist der Ort, an dem die vielen Schiffe ruhen.

Plötzlich wird es um die Mädchen herum schnell heller. Ganz offenbar werden sie hinaufgezogen. Leonie blickt hoffnungsvoll, aber auch besorgt nach oben. Mit letzter Kraft hält sie die Schwestern an den Armen fest. Wenn sie nicht binnen Sekunden auftauchen, werden sie ertrinken. Sie muss Luft holen. Sie muss ...

Plötzlich bewegt sich ein dunkler Schatten von oben auf sie zu. Er hat den Umriss eines langen Bootes. Offenbar hat sich eines der Boote von den Korallenriffen gelöst und sinkt nun zu Boden. Direkt auf Leonie, Flava und Viride zu.

Sie haben keine Möglichkeit auszuweichen. Leonie wird es schummrig.

Sie spürt noch den Schlag, als ihr Kopf unsanft den harten Bootsrumpf berührt. Kraftlos lässt sie die Arme der Zwillinge los.

Dann wird ihr schwarz vor Augen.

DAS LETZTE TOR

„Das gibt's nicht!", murmelt Phillip vor sich hin. Völlig verwirrt.

„Wie ...?", fährt er erst Sekunden später skeptisch fort, stockt dann wieder, blickt seinen Bruder stirnrunzelnd an und fragt: „Können sie jetzt etwa auch schon sprechen?", und schüttelt heftig seinen Kopf, als er seinen Blick wieder auf die heftet, die da auf sie zurennen:

„Unmöglich, dass sie es sind."

„Verdammt!" Ben versteht sofort. „Die haben uns gerade noch gefehlt."

„Wozu auch immer sie sich verwandeln", sagt Phillip und packt Bens Arm, „Raj Ravins Licht wird uns beschützen."

„Das glaub' ich nicht", entgegnet Ben. „In der gefährlichen Wüste konnte ich es ja auch nicht mehr entfachen. Ich habe versagt."

„So ein Blödsinn!", widerspricht Phillip seinem Bruder ernst. „Du hast doch nicht versagt! Diese unheimlichen Wesen agierten doch aus dem Hinterhalt. Wie hättest du sie erkennen sollen? Sag das nicht noch einmal!"

„So ist es aber“, gibt Ben zerknirscht zurück und hält plötzlich erschrocken die Luft an. Ryan sagte doch, dass sie sich von jedem nur das Beste herausholen würden. Was, wenn sie ihm das Licht entzogen haben? Ist ihm etwa deswegen so kalt geworden?

Eindringlich schaut Ben denen entgegen, die da schnurstracks auf sie zulaufen. Das Schlimmste erwartend. Werden sie sich jeden Moment in schwarze Wesen verwandeln? So schnell ihre Beine sie tragen, rennen sie ungestüm auf Phillip und Ben zu.

Allen voran Aris. Ihr bester Freund.

Gefolgt von Azura, Caeruleus und Violacea.

Je näher sie kommen, desto enger rücken Phillip und Ben zusammen. Vorbereitet auf das, was da jeden Moment Furchtbares geschehen könnte. Gewappnet, dass sich Aris und die Kinder aus *Silva* augenblicklich in schwarze Katzen verwandeln könnten.

Zwei Meter vor den Buben bleibt der Vierbeiner plötzlich auf der Stelle stehen. Azura, Caeruleus und Violacea stoppen ebenfalls abrupt im schneeweißen Sand.

Aris senkt sein Haupt und blickt die beiden Brüder abwechselnd an. Aufmerksam. Abwägend.

Phillip und Ben beobachten jede einzelne seiner Bewegungen. Kann er nicht näher an die Buben heran, weil Raj Ravins Licht sie schützt? Funktioniert es nun doch?

Oder besteht vielleicht gar keine Gefahr? Weil es wirklich Aris ist. Und kein schwarzes Wesen.

Ehe sie sichs versehen, springt der English Setter sie blitzschnell an. Und an ihnen hoch. Phillip und Ben zucken erschrocken zusammen.

„Wiedersehensfreude schaut für mich aber anders aus“, hechelt Aris, während er seine beiden Freunde nachdenklich beäugt, wieder ein paar Schritte zurücktapst und sich gleich viel zurückhaltender vor sie hinsetzt.

Phillip und Ben starren ihn wortlos an. Viele Sekunden lang.

„Du – bist - es“, stammelt Phillip endlich. Erleichtert lässt er sich dann auf die Knie fallen, streckt Aris seine Hand entgegen und wiederholt von Neuem: „Du bist es wirklich, Aris. Aber wie ist das möglich?“

„Ich war schon einmal hier, vergessen?“, brummelt der Hund zurück und stupst Phillips Finger freudig an, als dieser ihn zu tätscheln beginnt.

„Aber wo warst du denn die ganze Zeit über?“, will Ben wissen. Da sich die Anspannung auch bei ihm gelöst hat, kniet er sich ebenfalls langsam auf dem warmen Sandboden nieder.

Erwartungsvoll lässt er dabei seinen Blick umherwandern. Von Aris zu Azura, über Caeruleus bis hin zu Violacea. Jemand geht ihm ab. Einer, der ihm ans Herz gewachsen ist. Sein lieber kleiner Freund.

Nein. Saimiri ist nicht hier. Traurig senkt Ben seinen Kopf und starrt in den weißen Sand.

„Ist Ben wieder Ben?“, fiept plötzlich jemand hinter Aris. Mit großen neugierigen Augen lugt das kleine Totenkopfäffchen vorsichtig hervor und trippelt dann mit winzigen Schritten auf den Zehnjährigen zu.

„Saimiri!“, bricht es aus Ben überglücklich heraus. „Saimiri, du bist auch da!“

„Ja, Saimiri!“, brüllt das Afferl drauflos und springt dabei völlig außer sich einige Male hoch in die Luft, schlägt ein, zwei Saltos und macht dann einen Riesensatz auf Bens Schulter. „Saimiri will da sein, wo Ben ist. Denn Ben ist Saimiris Freund!“

„Er hat auf dem gesamten Weg von dir gesprochen“, brummt Aris, „immerzu ‚Wo ist Ben? Wann ist Ben da? Ist Ben wieder Ben?‘“

„Ben ist wieder Ben!“, gibt Saimiri entrüstet von sich und streckt dem English Setter breit grinsend seine Zunge heraus.

Phillip ist unterdessen etwas stiller geworden. Nachdenklich sieht er die Geschwister an und sagt dann leise zu Aris:

„Einige Tore *Silvas* haben sich aufgelöst. Zum Glück gehörte das Tor hierher nicht dazu."

„Auch dieses gibt es jetzt nicht mehr. Ich erzähle euch alles. Aber etwas später", antwortet Aris ihm leise, schweift dann aber schnell ab und erkundigt sich lauter: „Wo ist denn Leonie? Ist sie nicht mit euch mitgekommen?"

Phillip nickt ihm zu. Er versteht. Es war also das letzte Tor. Nun gibt es keinen Weg mehr zurück. Weder einen nach *Silva* hinein noch einen heraus. Hat sich der magische Wald schon völlig aufgelöst?

„Sie sollte gemeinsam mit Flava und Viride dort drüben auf den Inseln sein", erklärt Ben, der Aris' Worte ebenfalls mitbekommen hat, springt schnell auf und gibt fieberhaft von sich: „Wir müssen zu ihnen!"

„Auf die Inseln also", brummt Aris. „Und habt ihr schon eine Idee, wie wir dorthin gelangen?"

„Wir laufen einfach rüber", grinst Ben Aris an.

„Aha", murrt der English Setter und wiederholt stichelnd, „wir laufen einfach rüber."

„Ich hab das ernst gemeint", grinst Ben. „Die Inseln docken in Kürze ans Festland an ..."

„Genau“, fällt Phillip ihm ins Wort. „Aber wir erzählen dir das gleich.“

„Flava und Viride?“, piepst Violacea aufgeregt, während ihr Blick eifrig zwischen Phillip und Ben hin- und herschnellt. Sofort lässt sie Azuras Hand los, hüpft freudig auf Ben zu und umarmt ihn überschwänglich.

„Arctos erzählte uns, dass sie das Tor nach *Orientium* genommen haben, bevor es verschwand“, gibt Azura unterdessen nachdenklich von sich und blickt dankbar zu Phillip auf. „Und ihr - - - habt sie dort gefunden.“

„Eine lange Geschichte“, lächelt Phillip ihr zu und blickt Aris gedankenvoll an, während er sich erhebt, „beeilen wir uns, zu ihnen zu kommen. Das wird ein Wiedersehen!“

„Phillip“, flüstert Caeruleus schüchtern, der bis jetzt wortlos neben Azura stehengeblieben ist und nun endlich gefasst an den Zwölfjährigen herantritt. Er löst seine Arme, die er, seit sie hergelaufen sind, hinter seinem Rücken verschränkt hielt. Dabei holt er ein altes Buch hervor. „Diesmal habe ich sie nicht fallen lassen.“

Phillip streckt seine Arme aus und legt sie freundschaftlich auf Caerueleus’ Schultern, während er anerkennend von sich gibt:

„Gut gemacht, Caeruleus! Du kannst sehr stolz auf dich sein!“

Ihm freundlich zunickend, nimmt er die Alte Schrift entgegen und öffnet seinen Rucksack, um sie darin aufzubewahren, als er zwinkernd beginnt:

„Wir werden sie jetzt gemeinsam hüten, in Ordnung?“

Caeruleus strahlt ihn bis über beide Ohren an.

„Kommt schon.“ Violacea zupft ihren Bruder ungeduldig am Hemdärmel, ergreift Azuras Hand, sieht mit treuherzigen Augen zu ihr auf und piepst:

„Wir laufen so schnell wie der Wind, okay?“

Die Sechsjährige kann es kaum erwarten, ihre großen Schwestern wieder umarmen zu können. Caeruleus dreht sich gleich zu ihr um und grinst sie spitzbübisch an. Azura nickt Phillip und Ben noch schmunzelnd zu, und schon im nächsten Augenblick laufen die drei vergnügt davon.

Zum Meer hin.

Es ist nicht mehr allzu weit entfernt. Die aufbrausenden Wellen ziehen sich tief in den weißen Sand hinein und hinterlassen weiche Buchten und halbhohe, sichelförmige Dünen. Bald schon können Azura, Caeruleus und Vioalcea die feinen Wassertropfen spüren, die der stärker werdende Wind den Wellen entreißt, um damit ihre Gesichter zu benetzen.

Phillip, Ben und Aris folgen den Geschwistern aus *Silva* rasch über den weißen Sand.

Und natürlich auch Saimiri.

SIRENIA

Ungestümer und immer heftiger peitscht ihnen das Meerwasser ins Gesicht. Der Wind scheint noch stärker zu werden und mit ihm wird die Wasseroberfläche unruhiger. Lebhafter.

Plötzlich drückt sich Leonie auf ihren Ellenbogen in die Höhe, macht ihre Augen auf und beginnt zu husten. Ganz offenkundig hat sie doch ein ordentliches Stamperl Salzwasser verschluckt. Wo ist sie?

Verwundert blickt sie um sich.

Flava und Viride liegen gleich neben ihr. Auch sie versuchen, das Meerwasser aus ihren Rachen herauszuprusten, während sie sich ebenfalls etwas empordrücken und Leonie fragend ansehen.

Sie befinden sich auf einer etwa vier Meter langen, leicht nach unten gewölbten Fläche, die wie ein umgekipptes Boot aussieht. Die gräulich bis bräunlich gefärbte Oberfläche ist vollkommen glatt.

Die unruhigen Wellen schlagen den Mädchen immer wieder ins Gesicht. Doch sie treiben nicht auf dem offenen Meer dahin, sondern sind, so wie bei einem Binnenmeer, von Landstreifen umgeben. Die lebhaften Wellen laufen rundum auf strahlend weiße Sandstrände aus. Wie sind sie an die Wasseroberfläche gekommen? Wer hat sie heraufgezogen?

„Na, endlich“, hören die Mädchen plötzlich eine Stimme, die sie alle drei verblüfft nach unten blicken lässt.

Niemand ist zu sehen.

„Wer bist du?“, fragt Leonie nach, als sie sich noch mehr aufrichtet, um sich auf ihre Knie zu hocken.

„Ich heiße Sirenia“, antwortet die Stimme freundlich.

„Aha“, gibt Leonie schmunzelnd von sich, während sie versucht, sich ihre klitschnassen Locken aus dem Gesicht zu streifen, „und wo bist du, Sirenia?“

„Unter euch“, antwortet Sirenia, woraufhin sich die Mädchen neugierig in alle Richtungen drehen und ins tiefe Wasser hinunterblicken.

Ein, zwei Meter unter der Wasseroberfläche sind leuchtende Korallenriffe zu erkennen. Sie schimmern hell zwischen den Wellen. Aber sonst können die Mädchen niemanden sehen.

„Ihr sitzt auf mir“, gibt die Stimme nun lachend von sich.

„Was bist du denn?“, fragt Leonie erstaunt.

„Ich bin eine Gabelschwanzseekuh", blubbert Sirenia zurück und hebt nun ihren Kopf etwas an, sodass ihre seitlich liegenden Augen zum Vorschein kommen, „manche nennen mich auch Dugong."

„Davon habe ich noch nie gehört“, flüstert Leonie verhalten zurück, „tut mir leid.“

„Macht ja nichts“, entgegnet Sirenia sofort, während sie Leonie freundlich zuzwinkert, „mich kennt eigentlich kaum jemand. Ich verstecke mich nämlich gerne vor anderen.“

„Bist du ganz alleine hier?“, fragt Leonie verwundert nach und fährt etwas bedrückt fort: „Dann bist du bestimmt sehr einsam.“

„Aber nein“, kichert der Dugong, „ich lebe hier mit meinen Schwestern und Cousinen. Hier, auf Archipelagos, stört uns keiner.“

Im gleichen Augenblick beginnt Sirenia, sich ganz langsam um ihre eigene Achse zu drehen. Dabei gibt sie einen eigenartigen Pfeifton von sich, woraufhin das Wasser rund um sie herum noch unruhiger wird. Unzählige Bläschen steigen auf, so als würde die Wasseroberfläche plötzlich zu sieden anfangen.

Im selben Moment tauchen sieben weitere große Gabelschwanzseekühe auf. Wie kleine Inseln schwimmen sie um Sirenia herum. Sieben schmale, vier Meter lange Inseln, deren Oberflächen so aussehen, als wären sie aus glattem, glänzenden grauen und braunen Felsstein.

„Aber wie könnt ihr hier, inmitten der gefährlichen Korallenriffe, leben?“, will Leonie wissen, während ihr Blick von einem Dugong zum nächsten saust.

„Gefährlich, liebes Menschenkind“, erwidert Sirenia leise, „sind die Kristalle nur, wenn man sie berühren möchte. Da wir ihnen jedoch keine Beachtung schenkten, ließ uns Arausio hier ungestört leben.“

„Menschenkind?“, wiederholt Leonie plötzlich aufgeregt, „Du weißt, dass ich ein Menschenkind bin? Hast du die anderen beiden etwa auch gesehen?“

„Nein“, entgegnet der Dugong still, „ich habe vor dir noch nie ein Menschenkind getroffen. Dass du aus der Menschenwelt kommst, hat mir dein kleiner Freund erzählt.“

„Mein kleiner Freund?“, spricht Leonie langsam nach, atmet tief ein, murmelt leise “Freddie“ vor sich hin und ruft dann auf einmal freudig aus:

„Freddie hat es auch geschafft?“

„Na klar“, blubbert es hinter Leonie aus dem bewegten Wasser hervor.

Leonie dreht sich blitzschnell um und sieht auch schon Freddies winzigen, silbrig glänzenden Körper zwischen den Wellen hervorblitzen.

„Freddie!“, gibt das Mädchen überglücklich von sich. „Gott sei Dank! Du bist an den Korallen gut vorbeigekommen!“

„Allein durch deine Hilfe“, gluckst der kleine Putzerlippfisch zurück, „mein liebes Menschenkind. Als du mich gerufen hast, habe ich meinen Blick von den Kristallen abgewandt und habe dich beobachtet, welche Anweisungen du den Mädchen gegeben hast. Darum habe auch ich meine Augen geschlossen und mich vom Wasserlauf hierherziehen lassen.

Ich kam etwas früher hier an als ihr. Zum Glück habe ich Sirenia getroffen. Sie ist sofort abgetaucht und hat euch blitzschnell an die Oberfläche gebracht. Ich hätte euch nicht helfen können.“

„Ich danke euch beiden“, lächelt Leonie Freddie zu und wendet sich dann wieder an den Dugong:

„Sirenia, du sagtest doch, dass Arausio euch hier ungestört leben lässt. Weißt du denn, wo sich der magische Stein befindet?“

„Mädchen“, blubbert Sirenia zurück, „Arausio ist nicht EIN magischer Stein, sondern er besteht aus unendlich vielen Kristallen. All die vielen, vielen leuchtenden Steinchen der Riffe, all die glänzenden Korallen, sie alle zusammen sind Arausio.“

„Verstehe“, wispert Leonie, „der magische Stein ist selbst in Millionen Kristalle zerfallen, bevor ihn die Verbündeten des weißen Zauberers zerstören konnten. Nun haben sie dazu keine Möglichkeit mehr, da sie dafür jeden einzelnen, jeden kleinsten Kristall vernichten müssten. Damit konnte sein Licht vor den schwarzen Wesen beschützt werden."

„So war es vielleicht geplant", setzt Sirenia leise fort, „dennoch wird sein Licht von Tag zu Tag matter und schwäch..."

Noch bevor sie den Satz beenden kann, wird sie auf einmal von einer großen Welle erfasst, sodass ihr riesiger Körper unruhig zu schaukeln beginnt. Die Mädchen haben keine Möglichkeit, sich auch nur irgendwo festzuhalten, und rutschen auf Sirenias Rücken hin und her.

Leonie legt sich blitzschnell auf den Bauch und kann gerade noch im letzten Moment Flavas Arm packen, bevor sie von einer weiteren starken Welle erfasst wird und im Wasser verschwindet.

Flava zieht sich mit all ihrer Kraft wieder nach oben, während Sirenia sich bemüht, schnellstens wieder das Gleichgewicht zu finden. Zum Glück schafft sie es auch sehr rasch, die Bewegungen der Wellen auszugleichen. Leonie, Flava und Viride rücken hastig näher zusammen und umschlingen gegenseitig ihre Arme.

„Wahrscheinlich hat es mit dem Licht zu tun, dass sich hier in letzter Zeit alles so überraschend bewegt“, beginnt Sirenia und fährt nachdenklich fort: „Die Inseln haben begonnen, ihre Gestalt zu verändern, seit sein Licht schwächer geworden ist. So als wollten sie auseinanderdriften. Sie zittern von Tag zu Tag heftiger, sie beben bei jedem Mal stärker und lassen dadurch auch das Wasser so unruhig tanzen.“

Dann hält sie kurz inne, dreht ihren Kopf zur Seite und redet mit besorgter Stimme auf die Mädchen ein:

„Ich denke, es ist besser für euch, an Land zu gehen, bevor euch vielleicht die nächsten Wellen verschlucken. Wer weiß, wie hoch sie diesmal ausschlagen.“

„Was ist mit dir, Freddie?“, fragt Leonie, während sie ihren Blick umherschnellen lässt, um den kleinen Fisch ausfindig zu machen.

„Ich bleibe hier, in Sirenias Nähe“, gibt Freddie vergnügt von sich, während er für einen kurzen Augenblick aus den Wellen hervorspringt, um Sekunden später wieder ins kühle Nass abzutauchen. „Das ist doch in Ordnung für dich, liebe Dugongdame?“

„Natürlich, kleiner Freund“, antwortet Sirenia lächelnd, „aber auch wir werden von hier wegziehen müssen, befürchte ich. Wenn die Inseln auseinanderbrechen und sich zum großen Meer hin öffnen, geht dieser Rückzugsort hier bestimmt verloren. Wer weiß, welche Kreaturen dann aufkreuzen werden.

Wir bringen euch schnell an Land und danach ziehen wir ab."

Plötzlich taucht sie ihren Kopf unter und beginnt dabei, seltsam zu zwitschern.

Wie auf Kommando reihen sich da die sieben anderen Gabelschwanzseekühe nebeneinander auf und schwimmen völlig gleichmäßig rasch in eine Richtung. Zum Land hin. Wie eine große Plattform bewegen sie sich gemeinsam im hektischen Wasser voran.

Als die vorderste von ihnen den weißen Sandstrand beinahe erreicht hat, blubbert Sirenia:

„Beeilt euch, aufs Land zu kommen, bevor euch die nächste Welle erwischt! Und rennt weg vom Wasser! So schnell ihr könnt!"

Die Wellen werden tatsächlich höher und höher und peitschen das Wasser mit enormer Wucht gegen die weißen Felsen, die links von den Mädchen aus dem Sandstrand herausragen.

Leonie und die Zwillinge nicken Sirenia schnell zu, laufen geschwind über die Rücken der Dugongs, um nacheinander ins seichte Wasser zu hüpfen und schnellstmöglich ins Trockene zu waten. Zuerst Leonie und dann gleich Flava.

Viride bleibt aber plötzlich stehen und blickt mit seltsam starren Augen um sich. Als würde sie auf irgendetwas warten. Viel zu langsam steigt sie vom Rücken des Dugongs herunter.

Leonie und Flava drehen sich hastig zu Viride um. Was ist los mit ihr? Was ist in sie gefahren? Warum macht sie nicht schneller?

„Beeil dich doch!“, ruft Leonie ihr nervös zu.

Flava streckt ihrer Schwester die Arme entgegen und gibt ihr mit hektischen Bewegungen zu verstehen, dass sie sich sputen soll. Sirenia sagte ihnen doch, sie sollten sich rasch vom Wasser entfernen.

Da springt Leonie zu Viride zurück und versucht, ihren Arm zu packen und sie mit sich zu zerren. Ins Trockene. In Sicherheit.

Zu spät.

Denn im selben Augenblick wird Viride von der nächsten Welle, die mit unglaublicher Wucht direkt neben ihr emporsteigt, erfasst und mitgerissen. Das Wasser umschlingt sie und drückt sie gegen den Felsen.

Fassungslos müssen Leonie und Flava mit ansehen, wie Viride unter der gewaltigen Brandung verschwindet und erst, als sich das Wasser Sekunden später wieder zurückzieht, wieder auftaucht.

Sie scheint bewusstlos zu sein. Sie liegt mit geschlossen Augen vor ihnen. Im weißen Sand neben den Felsen.

Reglos. Still.

„Viride!", ruft Leonie entsetzt aus, doch das Mädchen aus *Silva* bewegt sich nicht. Erschüttert lassen sich Leonie und Flava neben ihr auf dem weißen Sand nieder.

Was sollen sie jetzt nur tun?

Sirenia und die anderen Dugongs haben davon nichts mehr mitbekommen. Wegen der aufbrausenden Wellen haben sie Leonies Schreie nicht mehr gehört. Sie sind bereits abgetaucht und weit und breit nicht mehr zu sehen.

„Schnell! Hilf mir!", schreit Leonie plötzlich auf und zeigt dabei erschüttert auf eine weitere haushohe Welle, die direkt auf sie zurollt.

Hastig springen beide auf, packen Virides Arme und ziehen sie den Sandstrand entlang. Mit vereinten Kräften. Noch weiter weg vom Wasser.

Als die Welle ans Ufer schlägt, beginnt der Boden unter ihren Füßen zu vibrieren. Als wollte die Welle den Erdboden spalten. Doch die drei Mädchen befinden sich in Sicherheit.

Erschöpft lassen sich Leonie und Flava neben Viride in den weißen Sand fallen. Viride rührt sich noch immer nicht. Was, wenn sie gar nicht mehr aufwacht?

Wären doch nur Phillip und Ben hier!

„Phillip! Ben! Wo seid ihr nur?“, murmelt Leonie vor sich hin. Traurig. Den Tränen nahe.

Und plötzlich hört sie jemanden rufen:

„Hier!“

VERLOREN

Wie von einer Tarantel gestochen fährt Leonie hoch und wirbelt herum. Azura, Caeruleus und Violacea stürmen auf sie zu. Völlig überdreht ruft Caeruleus noch einmal:

„Hier! Wir haben sie gefunden! Sie sind es!"

Phillip, Ben und Aris werden nun ebenfalls schneller. Bis jetzt hatten sie zu den Geschwistern aus *Silva* etwas Abstand gehalten. Denn die Buben wollten von Aris ja wissen, was geschehen war.

Monatelang war Aris nicht mehr nach Hause zurückgekommen.

In *Eurys* hatten sie einander zum letzten Mal gesehen. Bubo, der Zeitenwandler, hatte Aris auf Geheiß des weißen Zauberers ins alte Land, in die Vergangenheit von *Eurys,* gebracht.

Dort angekommen, hatte Aris sich jedoch in Arausio verwandelt. In den Jungen, der er einst in *Silva* gewesen war.

Doch Arausio wurde im alten Land binnen kurzer Zeit wieder zu einem kleinen Jungen. Sollte er sich schließlich völlig auflösen? Als einzige Möglichkeit, die Verjüngung aufzuhalten, erschien es, Arausio zurück in die Gegenwart zu schicken.

Bobo, der Zeitenwandler, machte sich also mit dem Buben auf den Weg durch die Zeit. Vom alten Land zurück in den magischen Wald.

Genau an diesen Moment, in dem sie einander zum letzten Mal gesehen haben, knüpfte Aris nun mit seiner Geschichte an. Während sie Azura, Caeruleus und Violacea durch den weißen Sand nacheilten, begann Aris zu erzählen:

„Als wir in *Silva* landeten, hatte ich meine Gestalt wieder: als English Setter.

Der magische Wald aber hatte sich furchtbar verändert. Besser gesagt war vom Wald selbst kaum noch etwas übrig. Tiefste Dunkelheit war über *Silva* hereingebrochen. Hie und da waren noch ein paar Bäume zu erkennen. Aber sie waren klein und schmal. Als wären sie geschrumpft. Die anderen hatten sich offenbar schon völlig aufgelöst.

Dennoch war ich mir ziemlich sicher, dass wir uns im magischen Wald befanden, denn all die Gerüche, die mich umgaben, waren mir vertraut.

Ich bat Bobo, noch etwas zu verweilen. Nur für kurze Zeit, um mich etwas umzusehen. Dann machte ich mich auf den Weg. Durch düstere Finsternis. Gespenstische Stille umgab mich.

Die Felsburg war verschwunden und auch der tiefe Waldsee, der sie einst umgeben hatte, war versiegt. Ich suchte nach der kleinen weißen Lichtung, doch auch sie war nirgends mehr zu finden.

Ich wollte einfach nicht wahrhaben, was da geschehen war.

Darum lief ich weiter und weiter. Durch den zerstörten magischen Wald. Ohne auch nur einmal anzuhalten, hastete ich zur alten Eiche, die in den oberen Wald führte. Aber sie war nicht mehr da."

Plötzlich unterbrach Aris seine Geschichte für einen Moment und blickte zu den Inseln hin, auf die sie ja zusteuerten. Das südliche Land hatte Archipelagos beinahe erreicht. Der weiße Sandboden zitterte unter ihren Füßen.

„Auch der Boden im magischen Wald bebte unruhig", setzte Aris dann brummend fort. „Die dünnen Bäumchen, die noch da waren, zitterten und drohten zu zerbrechen. Alte Eichen waren weit und breit keine mehr zu sehen. Da wurde mit klar, dass sich all die Tore in die verschiedenen Teile *Miraculas* aufgelöst haben mussten.

Wir waren zu weit in die Zukunft gereist, schoss es mir durch den Kopf, und ich machte mich schnurstracks auf den Weg zu Bobo zurück.

Aber Bobo war nicht mehr da.

Ich war in diesem dunklen Wald gefangen. In einem Wald, der mehr und mehr verschwand."

Aris verstummte erneut. Er starrte in die Ferne, als würden die furchtbaren Bilder erneut vor ihm auftauchen.

„Ich konnte regelrecht zusehen, wie sich die wenigen Bäume, die noch übrig waren, direkt vor mir in Nichts auflösten“, sprach er leise knurrend weiter. „Mir blieb nichts anderes übrig als abzuwarten, was mit mir geschehen würde. Wenn *Silva* bald nicht mehr existierte, würde ich wohl auch für immer verschwinden.

Ich war verloren.

Stunden vergingen. Vielleicht Tage. Ganz bestimmt aber zu viel Zeit.“

„Und in der Menschenwelt eilten zugleich Wochen dahin. Ja, Monate“, fügte Phillip traurig hinzu. „Wir dachten, dass wir dich nie wiedersehen würden.“

„Das dachte ich auch“, brummte Aris weiter, „doch dann tauchte der Zeitenwandler plötzlich wieder wie aus heiterem Himmel auf. Er stieß wie aus dem Nichts aus irgendeiner anderen Zeit herab, packte mich und brachte mich im letzten Augenblick weg. Ich sah noch, wie der Boden unter mir auseinanderbrach und *Silva* darin versank.

Im nächsten Augenblick aber war Bobo mit mir bereits in einer anderen Zeit gelandet, in der es in *Silva* zwar bereits dunkel geworden war und in der auch schon die Felsburg versunken war, doch die alten Eichen gab es noch.

Ich habe nie erfahren, warum der Zeitenwandler zurückgekommen ist, um mich zu retten.

Er ist einfach wieder davongeflogen. Genauso schnell, wie er aufgetaucht war. Ich hatte keine Möglichkeit, mich bei ihm zu bedanken. Dafür, dass er mich aus der Zukunft geholt hatte, um noch etwas ändern zu können."

„Dann wusste Bobo also doch Bescheid, was geschehen würde. Gerlin Glis sagte, ein Zeitenwandler dürfe sich an etwas, das geschehen werde, nicht erinnern. Nur Vergangenes bliebe in seinem Gedächtnis", murmelte Ben leise vor sich hin und wiederholte langsam Gerlin Glis' Worte:

„Würden wir die Zukunft kennen, wären wir versucht, die Vergangenheit zu ändern. Was aber bleibt dann von der Gegenwart?"

„Hm", brummte Aris nachdenklich, „ändern konnte ich eigentlich nichts. Obwohl Bobo mich in eine Zeit gebracht hatte, in der es die alten Eichen noch gab, war es nicht aufzuhalten, dass sie dennoch verschwanden.

Ich kam genau zu dem Zeitpunkt an, als Flava und Viride durch das Tor nach *Orientium* springen wollten. Ich rannte, so schnell ich konnte, auf sie zu. Aber die Zwillinge sprangen dennoch hindurch. Und im selben Augenblick löste sich die alte Eiche spurlos auf.

Kurz darauf nahm ich die Witterung von einem Braunbären auf."

„Arctos", bestätigte Phillip sofort. „Du konntest ihn nicht kennen. Er hat uns geholfen."

„Ich wusste nicht, ob dieser Braunbär gute oder böse Absichten hatte", sprach Aris weiter. „Doch ich spürte, dass du bei ihm warst. Darum folgte ich seiner Spur.

Ich fand seine Höhle und auch Azura, Caeruleus, Violacea und Saimiri. Doch du warst mit ihm schon wieder zur alten Eiche unterwegs. Zu dem Tor, das in den Oberen Wald führte. So sagten es die Kinder.

Deshalb setzte ich euch erneut nach, doch dieser seltsame Braunbär war mit unbeschreiblicher Geschwindigkeit unterwegs. Ja, auf fast magische Weise. Als würde er zaubern können.

Als ich schließlich bei der alten Eiche ankam, warst du bereits in die Menschenwelt gesprungen, woraufhin auch diese Eiche ins Nichts entschwand.

Im selben Augenblick passierte etwas Eigenartiges: Der riesige Braunbär begann, sich in Luft aufzulösen. Für einen Moment lang wusste ich nicht, was ich tun sollte, dann aber wandte ich mich blitzschnell um, sauste zurück zur Höhle, in der die Geschwister sich versteckt hatten, und hieß sie mir zu folgen. Zu dem letzten Tor, das uns aus *Silva* hinauszuführen vermochte. Dem Tor nach Terra australis.

Denn den Weg zu dieser Eiche kannte ich. Durch dieses Tor war ich einst aus Terra australis zurückgekehrt, nachdem Morulus mich dorthin verschleppt hatte.

Es war die einzige Möglichkeit, den magischen Wald zu verlassen, bevor wir mit ihm gemeinsam untergehen würden. Deshalb sprangen wir rasch an der Eiche vorbei.

Hinaus aus *Silva.* Herein in das südliche Land.

Und schon verschwand die Eiche hinter uns. Wie gesagt, ich denke nicht, dass ich irgendetwas hätte ändern können. *Silva* gibt es nicht mehr.

Es ist verloren."

Aus diesem Grund hatte Aris die Geschichte erst erzählen wollen, als die Geschwister nichts davon mitbekamen. Deswegen haben sie Abstand zu den Kindern aus *Silva* gehalten.

Es würde ihnen das Herz brechen, würden sie vom furchtbaren Untergang des magischen Waldes erfahren. Sie wissen zwar, dass sich die Tore nacheinander auflösten, doch was mit *Silva* tatsächlich geschehen ist, das ahnen sie nicht.

Der magische Wald ist verloren.

Was geschieht nun mit *Miracula?*

Archipelagos hat inzwischen an das südliche Land angedockt. Der Boden hat sich wieder etwas beruhigt. Doch die Wellen türmen sich unablässig auf. Immer höher. Immer gewaltiger.

Terra australis ist weiter in Richtung *Antarktikos* unterwegs. Schneller, als ihnen bewusst ist.

Während nun alle auf Leonie zulaufen, blickt sie einen nach dem anderen an: Azura, Caeruleus, Violacea , Phillip, Ben und schließlich auch Aris. Verblüfft. Wortlos. Kopfschüttelnd.

Mit fragendem Blick starrt sie sie an, als sie bei ihr ankommen, sie glücklich umkreisen und sie umarmen. Freudig lachend.

Plötzlich aber, als sie Viride hinter Leonie im Sand liegen sehen, verstummen alle mit einem Mal. Flava, die mit tränenüberfüllten Augen neben Viride im Sand kauert, blickt für einen Moment wortlos zu ihren Geschwistern auf, lässt dann den Kopf aber gleich wieder schluchzend in ihre Hände fallen.

Schweigend umarmen Azura, Caeruleus und Violacea ihre Schwester und knien sich neben ihr an Virides Seite nieder, um ihre Hände zu halten.

„Warum sagt Flava denn nichts?", piepst Violacea plötzlich und dreht sich neugierig zu Phillip um, der gemeinsam mit Ben bei Leonie ein paar Meter hinter ihnen stehen geblieben ist. „Kann sie denn nicht mehr sprechen?"

„Sie haben ihre Stimmen verloren, als sie durch das Tor nach *Orientium* gesprungen sind. Seitdem haben sie keine Silbe mehr gesprochen“, antwortet Phillip, woraufhin Violacea ihre Finger auf ihre Lippen legt und Flava mit großen Augen ansieht.

„Was genau ist mit Viride denn passiert?“, fragt Ben Leonie im Flüsterton.

„Eine riesige Welle hat sie erwischt und gegen den Felsen dort vorne geschleudert“, antwortet Leonie leise, „seitdem rührt sie sich nicht.“

„Wie lange ist das her?“, will Phillip wissen.

„Ich weiß nicht genau“, überlegt Leonie, „bestimmt schon mehrere Minuten. Zehn oder fünfzehn vielleicht.“

„Wenn sie nicht bald aufwacht ...“, spricht Phillip weiter.

„Vielleicht ist sie gar nicht ohnmächtig, sondern einfach gerade nur nicht hier bei uns“, fällt sein jüngerer Bruder ihm grübelnd ins Wort. „Wer weiß, was sie im Moment gerade durchmacht.“

„Wie meinst du das?“, fragt Leonie nach.

Ben hat ihr nie von den seltsamen Bildern der unsagbar großen Eiskuppel erzählt, die er durch die Berührung mit Virides Hand gesehen hat.

Nur Phillip weiß davon.

„Wenn dem so ist, könntest du es vielleicht sogar herausfinden“, blickt Phillip ihn herausfordernd an. „Du weißt, was ich meine.“

„Nein“, entgegnet der Zehnjährige sofort, „das kannst du vergessen.“

„Wieso?“, wirft Leonie dazwischen. „Wie soll Ben was herausfinden? Hat das irgendetwas mit Albinus’ Bann zu tun, der auf Ben lastete?“

„Was?“, kreischt Saimiri plötzlich unter dem Pullover des Buben hervor, ohne sich blicken zu lassen. „Ben ist doch Ben! Was für ein Bann?“

„Es ist aber die einzige Möglichkeit“, spricht Phillip ruhig weiter, seinen Blick nach wie vor ernst auf seinen Bruder gerichtet.

„Ich habe genug gesehen“, verneint dieser. „Ich will das nicht noch einmal durchmachen.“

„Nein!“, lugt Saimiri nun ein wenig hervor. „Ben geht nirgends hin. Ben bleibt hier, bei Saimiri! Ben muss Ben bleiben!“

„Bitte“, sagt Phillip und schaut ihn inständig an. „Ich bin gleich neben dir. Ich pass auf dich auf. Versprochen.“

„Das ist gemein“, gibt Ben trübsinnig von sich. „Warum immer ich? Warum muss ausgerechnet mir das passieren?“

„Könnt ihr mir bitte endlich sagen, was er tun soll?“, fragt Leonie nun ungehalten.

Doch Ben schüttelt nur seinen Kopf, tritt nahe an Viride heran und hockt sich neben ihr nieder.

„Gleich“, sagt Phillip zu Leonie, huscht ihm schnell nach und setzt sich direkt neben ihm in den Sand.

Das Afferl ist inzwischen aus Bens Pullover herausgeklettert und springt nun wild auf seiner Schulter umher, während es völlig außer sich brüllt:

„Ben muss dableiben!“

„Ist schon gut, Saimiri“, versucht der Zehnjährige, ihn zu beruhigen. „Mach dir keine Sorgen.“

Dann sieht er Phillip noch einmal durchdringend und gedankenvoll an und ergreift zögernd Virides Hand.

Saimiri beobachtet jede seiner Bewegungen mit weit aufgerissenen Augen. Dann beginnt er auf einmal, seinen Kopf aufgeregt hin- und herzubeuteln und verschwindet im nächsten Moment wieder blitzschnell unterm Pulli. Was auch immer Ben jetzt vorhat, hier drinnen fühlt Saimiri sich auf jeden Fall sicherer!

Leonie kniet sich neben Flava nieder. Azura, Caeruleus und Violacea schwenken ihre Blicke von Leonie zu Phillip und dann zu Ben. Keiner von ihnen hat auch nur die geringste Ahnung, was der

Bub wahrscheinlich schon im nächsten Moment vor Augen haben wird:

Und schon blitzt das Bild wieder vor ihm auf.

Er ist wieder dort.

In dieser riesigen Eishalbkugel.

Gemeinsam mit Viride. Sie steht neben ihm. Er hält ihre Hand. Kaltes, weißes Licht umgibt sie. Es ist beängstigend. Einschüchternd. Lähmend.

So wie beim letzten Mal hört Ben erneut eine Stimme, doch er kann nicht verstehen, was sie sagt.

Es ist dasselbe Bild, das auch in *Orientium* vor ihm aufblitzte. Doch diesmal umgibt Ben auch eisige Kälte. Er glaubt zu frieren.

Er spürt, dass auch Virides Hände zittern. Als er zu ihr hinübersieht, erkennt er, dass sie ihren Blick langsam nach oben gleiten lässt und dass ihre Augen dabei sonderbar starr werden.

Ben folgt ihrem Blick und er nimmt unweit vor sich den weißen Zauberer wahr. Albinus wirkt jünger und kräftiger als je zuvor. Seine grünen Augen sehen den Buben durchdringend an, als wollten sie ihn durchbohren. Doch Ben verspürt kein Bedürfnis, vor ihm wegrennen zu wollen.

Im Gegenteil: als Albinus ihnen die Arme hinstreckt, hat er sogar das Gefühl, auf ihn zugehen zu wollen.

Er fühlt, wie sein Körper kälter und kälter wird. Als würde Albinus ihm seine Wärme entziehen.

„Ben!“, ruft Phillip, während er seinen Bruder an den Schultern packt, ihn rüttelt und ihn von Viride wegzieht. „Ist alles in Ordnung?“

Ben sieht Phillip schweigend an. Für einen Moment hat er sich völlig verloren gefühlt. Nachdenklich blickt er Viride lange an. Er ist sich nun ziemlich sicher, dass Albinus einen Bann auf sie gelegt hat. Der weiße Zauberer hält sie in dieser eisigen Halbkugel gefangen. Es muss das Licht des goldenen Tigers sein, weshalb er das sehen konnte, weshalb er die Kälte spüren konnte.

„Und?“, fragt Phillip beunruhigt nach. „Was hast du gesehen? Du bist plötzlich kreidebleich geworden!“

Da erhebt sich der Zehnjährige langsam, nickt seinem großen Bruder zu und atmet tief ein. Dann wendet er sich den Geschwistern aus *Silva* zu, räuspert sich und beginnt leise zu erzählen:

„Ihr wisst ja, dass Albinus einen Bann auf mich gelegt hatte. Durch diesen Bann wachte ich immer wieder an einem beängstigenden Ort auf. In einem Eislabyrinth, aus dem es kein Entkommen gab. Ich hatte ...“, Ben stockt, blickt zu Boden und setzt langsamer fort, „... furchtbare Angst.“

Dann hebt er seinen Kopf wieder an und erzählt ernst weiter: „Denn Albinus schien immer in meiner Nähe zu sein. Doch niemand außer mir konnte es sehen. Darum habe ich mich mehr und mehr in mich zurückgezogen."

Für einen winzigen Moment stockt er erneut, wendet sich Phillip zu und spricht lächelnd weiter:

„Mein Bruder aber hat mich nicht aufgegeben. Er wich nie von meiner Seite, obwohl ich nicht ansprechbar war, da ich durch Albinus' Bann an einem anderen Ort gefangen war. Phillip war da. So wie ihr für Viride da seid."

„Meinst du damit etwa, dass auf Viride auch ein Bann liegt, weil sie im Moment nicht ansprechbar ist?", fragt Leonie dazwischen. „Hat sie sich deswegen manchmal so eigenartig verhalten?"

„Ein Bann des weißen Zauberers?", piepst Violacea ängstlich. „Aber wohin hat er sie denn geschickt? Ist sie jetzt etwa an einem anderen Ort? Ganz alleine?"

„Ja, ich denke schon. Wahrscheinlich irgendwo in *Antarktikos*", antwortet Ben ernst. „Es hat wie ein riesiger Iglu ausgesehen."

„Darum hast du ihre Hände berührt!", gibt Leonie eifrig von sich. „Du konntest sie dort sehen. Wegen Raj Ravins Licht, stimmt's?"

Ben nickt seiner Cousine zu und erklärt Azura, Caeruleus und Violacea sogleich:

„Raj Ravin, der goldene Tiger, hat mir das Licht von *Orientium* anvertraut. Es hat große Kraft. Es hat Albinus' Bann gebrochen.

Und bestimmt sollte mir das Licht auch zeigen, dass Viride von Albinus an diesem Ort gefangen gehalten wird."

„Dann kann das Licht auch Viride befreien?", fragt Violacea neugierig nach. „Das Licht kann also zaubern?"

„Das Licht kann zaubern", murmelt Leonie gedankenversunken vor sich hin.

„Stimmt, Raj Ravins Licht kann zaubern", lächelt Ben Violacea zu, „denn es hat uns auf unserem langen Weg beschützt. Der goldene Tiger sagte uns, dass wir das Licht nach *Antarktikos* bringen sollen."

„Antarktikos?", wiederholt Caeruleus erschrocken.

„Antarktikos", spricht Violacea ihrem Bruder mit heller Stimme nach.

Nachdem sie gehört hat, dass Raj Ravins Licht sie beschützt und dass es zaubern kann, ist sie zuerst freudig emporgesprungen und hopst nun aufgeregt umher.

Jetzt aber hält sie völlig still, streckt ihren Arm weit nach links aus und fragt leise:

„Ist das *Antarktikos?"*

Verblüfft erhebt sich nun auch der Rest von ihnen und alle drehen sich in die Richtung, in die Violacea zeigt. Außer Viride, die nach wie vor still daliegt. Nicht allzu weit entfernt ist hinter dem erhöhten Inselrücken ein strahlend weißer Landstreifen zu erkennen.

„Ja, das ist *Antarktikos*", antwortet Phillip gefasst.

„*Antarktikos* ist da?", kreischt Saimiri und springt unter Bens Pulli hervor. Bis jetzt hat er sich völlig still verhalten. Diese ganze Sache mit dem Bann war ihm überhaupt nicht geheuer. Doch dass das weiße Land da vorne ist, bringt ihn nun völlig aus der Fassung.

„Das weiße Land! Der böse Zauberer!", schreit er wirr durcheinander. „Ben muss was machen!"

„Saimiri", versucht Ben, das Afferl zu beruhigen, „wir müssen dahin. Zu Aura. Denn sie wird dort gefangen gehalten. Aura ist die junge Frau, die einst durch *Miracula* reiste, um die Kinder nach *Silva* zu holen. Sie ist die gute Zauberin, die den magischen Wald erschaffen hat. Wir müssen sie befreien."

Saimiri starrt Ben mit großen Augen an, hüpft mit einem Riesensatz auf seine Schulter, kuschelt sich an ihn und flüstert ängstlich in sein Ohr:

„Aber der böse Zauberer ist dort."

„Hab keine Angst, Saimiri“, wendet sich Leonie ihm zu. „Du hast doch gehört, dass Ben das Licht von Raj Ravin in sich trägt. Dieses Licht wird uns bestimmt nicht im Stich lassen. Denn Raj Ravin war einer der sieben Magier der verborgenen Welt.“

„Sieben Magier?“, wiederholen alle zusammen wie aus einem Mund: Phillip, Ben, Aris, Azura, Caeruleus und Violacea.

„Ja. Sieben gute Magier, die durch ihre besonderen Zauberkräfte die sieben Säulen *Miraculas* trugen“, beginnt Leonie und lässt ihren Blick wieder zum weißen Land hinschweifen, während sie gedankenvoll von sich gibt:

„*Miracula* ist noch nicht verloren. Wir schaffen das. Denn sie haben an uns geglaubt.“

DIE SIEBEN MAGIER

Ausführlich wiederholt Leonie die Geschichte, die Freddie ihr erzählt hat. Mit allen Einzelheiten versucht sie, den anderen wiederzugeben, was sie über die sieben Magier, die es unter den Tieren gab, weiß.

Sie berichtet ihnen vom stillen Eid, den jeder der sieben Magier unter seinem geheimen wahren Namen leistete.

Und sie erzählt von dem furchtbaren Bann, den der weiße Zauberer auf die sieben legte, um die Menschenkinder, die ihm in die Quere kommen würden, aufzuhalten.

„Albinus dachte", flüstert Leonie leise, „dass sich so keiner von ihnen jemals gegen ihn stellen würde."

Tränen kullern über Leonies Wangen, als sie Freddies Worte wiederholt: „Wann immer einer der sieben den stillen Eid brechen sollte, würde er seinen geheimen wahren Namen verlieren, ohne den der Magier jedoch nicht bestehen konnte.

Albinus' Bann bedeutete also, dass die sieben Magier völlig verschwinden würden. Für immer.

Verbannt an einen Ort, aus dem es kein Entrinnen gibt. Ihre Zauberkräfte aber würden zugleich auf Albinus übergehen.

Wenn sie uns Menschenkindern Durchlass gewähren oder uns gar helfen sollten, würden sie ihre innere Kraft verlieren, nicht mehr sehen oder sprechen können und sich irgendwann einfach auflösen."

„So wie Avis", gibt Phillip tonlos von sich.

„Und Raj Ravin", fügt Ben bestürzt hinzu.

„Auch Arctos löste sich plötzlich in Nichts auf", brummt Aris vor sich hin.

„Magic Manta Ray war der gütige Magier der Weite", wispert Leonie bedrückt. „Er hat uns mit letzter Kraft hierhergebracht."

„War Noctua auch eine Magierin?", fragt Azura leise. „Auch sie ist plötzlich verschwunden."

„Dann wären es fünf", überlegt Phillip. „Zwei fehlen noch."

„Einer der sieben Magier wurde zum Verbündeten des weißen Zauberers", setzt Leonie fort und wendet sich wieder den anderen zu:

„Morulus ist der dunkle Magier des Wandels."

Für Minuten kehrt unter ihnen Stille ein.

„Wir können also nicht davon ausgehen", bricht Aris endlich das Schweigen und setzt knurrend fort, „dass der siebte Magier ein guter ist. Er könnte genau so ein Schurke wie dieser schwarze Rabe sein."

„Oder sie“, korrigiert Leonie leise. „Es könnte auch eine Magierin sein. Eine gute oder eine böse.“

„Bedeutet das“, gibt Caeruleus zaghaft von sich, „dass Albinus all die besonderen Zauberkräfte der verschwundenen Magier bekommen hat?“

„Das würde jedenfalls auch erklären, warum er jünger und stärker geworden ist“, murmelt Ben vor sich hin.

„Was für besondere Zauberkräfte waren das denn?“, fragt Violacea neugierig nach.

„Wenn ich Freddie richtig verstanden habe“, antwortet Leonie nachdenklich, „dann war die besondere Zauberkraft mit dem geheimen wahren Namen jedes Magiers verbunden. Damit wusste wohl nur der Magier allein, welches besonderen Zaubers er mächtig war.“

„Heißt das etwa“, ruft Caeruleus erschrocken aus, „dass Albinus jetzt Zauberkräfte besitzt, von denen sonst niemand etwas weiß? Dann ist es ja unmöglich, ihn zu besiegen!“

Plötzlich fängt der Boden um sie herum wieder zu beben an. Die winzigen weißen Sandkörner beginnen zu zittern, werden hochgeschleudert und wild durcheinandergewirbelt. Heftiger und immer heftiger.

Zugleich wird es schlagartig dunkler. Und kälter. Es kracht und dröhnt. Ohrenbetäubend laut.

Während sich hohe, weiße Eiswände bedrohlich in den erhöhten Inselrücken hineinschieben, ihn noch weiter anheben und große Falten entstehen lassen.

Dann tritt Stille ein. Gespenstische Stille.

Phillip, Ben, Aris, Flava, Azura, Caeruleus und Violacea starren auf die riesigen Eiswände, die sich wie gigantische Zähne in die Insel gebohrt haben.

Sie haben *Antarktikos* erreicht.

„Monster! Monster!“, kreischt Saimiri plötzlich außer sich. Durch das plötzliche Beben ist er vor Schreck unter Bens Pullover hervorgerutscht und blieb für einen Moment im Sand liegen.

Schlagartig drehen sich alle zu ihm um.

Zitternd sitzt er vor Viride und traut sich nicht, sich zu bewegen. Das Mädchen aus *Silva* hat sich aufgerichtet. Sie ist aufgewacht.

Angsterfüllt starrt Saimiri in ihre Augen, die ihn unglaublich böse in hellem Grün anleuchten.

Als Flava sich zu ihr niederlassen möchte, um sie zu umarmen, ergreift Ben plötzlich Flavas Arm und zieht sie zu sich zurück, flüsternd:

„Geh nicht zu ihr.“

Viride formt ihre Augen zu schmalen Schlitzen und fixiert den Zehnjährigen mit unfassbar bösem Blick.

„Ihr glaubt doch nicht wirklich, gegen Albinus gewinnen zu können“, sagt sie kalt und ihre Lippen formen ein bösartiges Lächeln, während sie aufsteht.

„Es ist zu spät.“

Ende siebter Teil

Nachwort

Nach all den Gefahren, die sie bestehen mussten, haben sie nun endlich *Antarktikos* erreicht. Ist es wirklich zu spät?

Werden sie Aura befreien können? Dazu müssen sie sie aber erst finden. Denn sie ist an einem Ort verborgen, den niemand kennt. Tief versteckt irgendwo im riesigen Eislabyrinth, wo niemals zuvor einer war.

Kann *Miracula* denn noch gerettet werden?

Oder hat der weiße Zauberer durch die besonderen Zauberkräfte der verschwundenen Magier tatsächlich ungeahnte Macht erhalten, sodass ihn niemand mehr zu besiegen vermag?

Was ist mit Viride geschehen? Hat Albinus sie verzaubert? Hat er sie mit einem bösen Bann belegt, der sie so sehr verändert hat?

Warum kann sie plötzlich wieder sprechen? War sie gar nicht stumm, sondern hat sich nur verstellt?

Eines der sieben Geschwister fehlt: Rufus. Was ist mit ihm geschehen?

Und wer ist der siebte Magier? Ist er gut? Oder ist er ein Verbündeter von Albinus? Fragen über Fragen.

Phillip, Ben, Leonie und Aris haben keine Ahnung, was sie hier in *Antarktikos,* erwartet und welch ungeheure Herausforderungen auf sie und die Geschwister aus dem magischen Wald zukommen werden.

Im achten und letzten Band von *Miracula:*

Antarktikos
Das weiße Land

Band 8
der MIRACULA-Reihe:

A N T A R K T I K O S . Das weiße Land

„Es ist zu spät", gibt Viride eiskalt von sich. Mit unbeschreiblich bösartigem Blick.

Flava sieht ihre Schwester fassungslos an.

Plötzlich ergreift Viride Flavas Hand. Wie aus dem Nichts taucht im selben Augenblick ein riesiger schwarzer Schatten über ihnen auf: Morulus.

Noch bevor Phillip, Ben und Leonie auch nur einen Finger rühren können, stößt der schwarze Rabe im Sturzflug herab, packt die Zwillingsmädchen und verschwindet mit ihnen spurlos. Hinter hohen, weißen Eiswänden.

Ist es wirklich zu spät für *Miracula?* Phillip, Ben und Leonie geben nicht auf. Sie müssen so schnell wie möglich hinüber aufs weiße Land. Gemeinsam mit Azura, Caeruleus, Violacea und ihrem treuen Hund Aris.

Jetzt wird sich das Schicksal der verborgenen Welt entscheiden ...

Band 1: **SILVA**
Der magische Wald
ISBN 978-3-9503482-0-0

Band 2: **LATINIS**
Das Land im Meer
ISBN 978-3-9503482-3-1

Band 3: **AMERIGOS**
Das Land der roten Berge
ISBN 978-3-9503482-6-2

Band 4: **EURYS**
Das alte Land
ISBN 978-3-9503773-1-6

Band 5: **APHRIKE**
Das Land der großen Wüste
ISBN 978-3-9503773-3-0

Band 6: **ORIENTIUM**
Das Land des goldenen Tigers
ISBN 978-3-9503773-4-7

Band 7: **TERRA AUSTRALIS**
Das südliche Land
ISBN 978-3-9503773-6-1

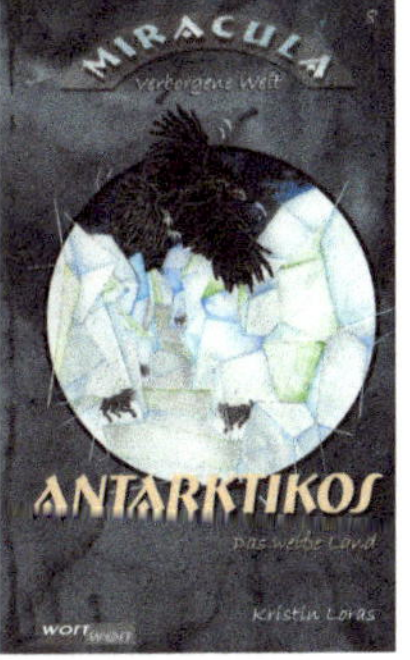

Band 8: **ANTARKTIKOS**
Das weiße Land
ISBN 978-3-9503773-7-8

Das Freundschaftsbuch:

MEINE FREUNDE
My Friends

ISBN 978-3-9503482-4-8

Das Notizbuch:

STRENG GEHEIM!
Top Secret!

ISBN 978-3-9503482-5-5

Kristin Loras

Kinder-/Jugendbuchautorin

kristin.loras@wortweit-verlag.at

Mehr Informationen zu den Kinder- und Jugendbüchern auf Facebook:
Kristin Loras (Autor)

und auf der Verlagshomepage:
www.wortweit-verlag.at

„... wie die Geschichten ausgehen, ist mir selbst bis zum Ende hin nie bewusst. Ich bin eine Träumerin. Eine Fantastin. Ich schreibe und begebe mich in eine andere Welt. Und das fühlt sich unglaublich an. So wunderbar, als ob ich die Wirklichkeit tatsächlich verändern könnte ...“